AI와 PR, 도전과 기회

인공지능총서

인공지능 시대입니다. 기계가 인간의 인지를 대신하고, 사물이 인간을 통하지 않고 다른 사물과 직접 커뮤니케이션합니다. 이에 따른 인간 삶과 문명 변화를 정확히 이해·예측·대응하는 것은 이 시대 우리 모두의 과제입니다. 인공지능총서는 인공지능 기술과 환경의 여러 주제를 10가지 키워드로 정리합니다. 관련 개념과 이론, 학계와 산업계의 쟁점, 우리 일상의 변화를 다룹니다. 인간과 기술의 현재, 미래를 세심히 분석합니다.

일러두기

- 인명, 작품명, 저서명, 개념어 등은 한글과 함께 괄호 안에 해당 국가의 원어를 병기했습니다.
- 외래어 표기는 현행 어문규정의 외래어표기법을 따랐습니다.

AI와 PR, 도전과 기회

박노일

대한민국, 서울, 커뮤니케이션북스, 2024

AI와 PR, 도전과 기회

지은이 박노일
펴낸이 박영률

초판 1쇄 펴낸날 2024년 11월 20일

커뮤니케이션북스(주)
출판 등록 2007년 8월 17일 제313-2007-000166호
02880 서울시 성북구 성북로 5-11
전화(02) 7474 001, 팩스(02) 736 5047
commbooks@commbooks.com
www.commbooks.com

ISBN 979-11-7307-167-6 03500

책값은 뒤표지에 표시되어 있습니다.

차례

AI 시대, PR의 새로운 지평을 열며

인공지능(AI) 기술의 급속한 발전은 현대 사회의 모든 영역에 근원적인 변화를 가져오고 있다. 커뮤니케이션 분야에서 그 영향력은 더욱 두드러지며, PR 역시 이러한 변화의 중심에 서 있다. AI 기술의 발전은 PR의 핵심 요소인 조직체, 공중, 커뮤니케이션, 관계성에 어떤 변화를 가져오고 있으며, 어떤 새로운 양상이 나타나고 있는가? AI 기술의 높은 파고 속에서도 PR 연구자들이 놓치지 말아야 할 연구 질문과 대상은 무엇인가? 새로운 기술이 등장하는 초기에 모두가 그렇듯 당황하고 회피하고 환호하는 사람들 속에서 흔들리지 않고 본질적인 탐구와 실무를 실행하기 위해 우리는 과연 무엇을 왜, 어디서부터, 어떻게 시작해야 할까? 정답은 없다. 다만 우리가 어떤 질문을 던지는가에 따라 해답은 있다.

생성형 AI와 미래 전망

레이 커즈와일(Ray Kurzweil)은 그의 2005년 저서 『특이점이 온다(The singularity is near: When humans transcend biology)』에 이어 19년 만에 다시 비슷한 제목의 저서 『특이점이 더 빨리 온다(The singularity is nearer: When we merge with AI)』를 저술했다. 그는 2029년에 이르면 인간이 자신의 인지적 · 생물학적 한계를 극복하기 위해 AI와의 융합이 불가피할 것으로 전망한다. AI가 인간의 지능을 확장하고, 궁극적으로 인간의 뇌와 기계가 결합해 초지능을 가진 존재로 진화할 것이라고 주장한다. 이 과정에서 인간은 단순히 생물학적 한계를 넘어서는 것이 아니라, 기계와의 융합을 통해 물리적 · 인지적 능력을 극대화할 것으로 예측한다. 그에 따르면 초지능적 존재의 출현은 인간과 기계의 결합체가 등장하는 문명사적 전환점을 의미한다. 이는 곧 인간과 기계를 구분하는 것이 무의미한 시대의 도래를 암시한다(Kurzweil, 2005, 2024).

이러한 급진적인 전망을 차치하더라도 현재 누구나 다 쉽게 미국 변호사 자격시험 상위 10% 또는 1% 순위로 통과할 수준의 지능을 갖춘 챗지피티(ChatGPT)나 클로드(Claude.ai)를 활용할 수 있는 시대다. 인간 공중은 이제 단순한 정보 처리자나 능동적 정보 추구자를 넘어, 지능형 기계와 상호 작용하는 새로운 존재로 진화하고 있다. 생성형 AI의 등장으로 공중의 개념은 근본적 변화를 맞이하게 되었다. 과거의 공중이 정보를 수동적 또는 능동적으로 수용하는 존재에 머물렀다면, 이제는 정보의 검색과 처리를 넘어 지능과 지혜를 생성 · 활용 · 공유하는 지능형 커뮤니케이터로 발전하고 있기 때문이다.

기계 공중과 인간 공중

나아가 인간과 AI 융합 가속화로 지능을 가진 기계 공중과 소통해야 하는 다소 황당할 것 같은 이야기를 경청해야 하는 시대로 진입하고 있다. 실제 앰비언트 컴퓨팅(ambient computing) 기술의 발전은 PR 환경에 새로운 차원을 더하고 있다. 이 기술은 이용자의 일상에 자연스럽게 스며드는 컴퓨팅 환경을 목표로 하며, 스마트폰의 시리(Siri)나 AI 스피커가 대표적 사례다. 앰비언트 컴퓨팅은 생활 환경 전반에 존재하며, 이러한 기술의 진화는 PR 분야의 커뮤니케이션 전략과 실행 방안에 근본적인 변화를 요청하고 있다(Ortiz, 2022).

이 기술은 이용자와 기계 간의 상호 작용을 개인화하고, 실시간 정보를 제공하며, 몰입감 있는 경험을 창출함으로써 PR의 효과를 극대화할 수 있는 잠재력을 지니고 있기 때문이다. 이러한 변화는 PR 실무자들에게 새로운 도전과 기회를 제공한다. PR 전문가들은 전통적인 미디어나 디지털 플랫폼을 넘어 일상 환경에 내재한 다양한 장치들을 통해 메시지를 전달해야 하며, 이는 메시지 전달 방식의 근원적인 변화를 요구한다.

인간을 대리하는 AI 에이전트 기술 또한 공중의 지식 정보 습득과 행동 양식의 변화를 가져올 것이다. 특히 AI 기반의 구매 결정 시스템인 기계 고객(machine customers) 등장은 PR 분야에 새로운 도전과 기회를 제시한다(Scheibenreif & Raskino, 2023).

기계 고객 또는 기계 공중은 전통적 인간 공중과는 다른 특성을 지닌 새로운 형태의 '공중'이다. PR 전문가들은 이러한 AI 시스템의 '의사 결정' 과정을 이해하고, 이에 적합한 커뮤니케이션 전략을 개발해야 한다. AI 기반의 대리 에이전트 공중은 감정보다 데이터와 알고리즘에 기반해 결정을 내리므로, PR 전략 역시 데이터 중심의 객관적 접근이 필요하다. 이는 조직의 메시지와 정보가 데이터 기반이어야 하며, 알고리즘의 판단 기준을 충족해야 함을 의미한다.

이제 PR 전문가들은 전통적인 인간 소비자뿐만 아니라 AI 기반의 기계 고객을 대상으로 하는 새로운 커뮤니케이션 전략을 개발해야 한다. 이들 AI 에이전트는 대량의 데이터를 처리할 수 있는 능력을 지니고 있어, PR 활동에서 데이터 기반 접근과 고품질 정보 제공의 중요성이 더욱 두드러진다. 또한, AI 에이전트의 의사 결정 과정에서 투명성을 확보하는 것은 신뢰 구축의 핵심 요소로서 윤리적 고려 사항으로 부상할 것이다.

AI 에이전트 공중과의 소통이 필요한 시대에서, 공중의 재개념화와 효과적인 PR 커뮤니케이션 전략 수립은 핵심 과제다. 본질적인 질문은 공중을 어떻게 정의할 수 있는가에 있다. 한마디로 AI 시대의 도래는 PR 분야에서 '공중' 개념의 본질적인 변화를 요구하고 있다. 전통적으로 PR에서 공중은 특정 조직과 상호 작용하는 인간 집단을 의미했지만, 생성형 AI 기술의 발전은 이러한 기존 정의를 재고하게 만들고 있다. 특히 소브젝트(sobject)와 같은 개념이 등장하는 추세를 보면 기계와 또는 AI와 인간 공중 개념의 확장 필요성을 강하게 제기한다. 소브젝트는 주체(subject)와 객체(object)의 중간 형태의 존재를 말하는 것으로 단순한 물체와 완전한 인간 주체 사이에 있는 인공지능이나 로봇과 같은 첨단 에이전트를 의미한다(Ullmann, 2022).

소브젝트는 PR 연구에서 공중 개념을 재정의하는 데 중요한 시사점을 제공한다. AI 시대의 PR에서는 AI 시스템을 단순한 도구가 아닌 커뮤니케이션 주체로 인식할 때 나타나는 변화를 연구할 토대를 제공해 주기 때문이다. 예를 들어, AI 챗봇이 조직의 대변인 역할을 할 때, 이는 단순히 인간 대변인을 대체하는 것이 아니라 AI를 새로운 커뮤니케이션 주체로 정의하는 문제로 확장할 수 있다. 이러한 관점에서 보면 AI를 하나의 공중으로 인식하고, 이를 바탕으로 PR 전략을 개발하며 AI와 인간 사이의 새로운 협업 모델을 마련함으로써 PR 활동의 효율성과 효과성을 높일 수 있다(정지연 · 박노일, 2023).

지능형 에이전트의 힘, 언어와 친밀함

유발 하라리(Harari, 2023)는 AI가 인간 문명의 근간인 언어를 '해킹'함으로써 우리의 문화, 정치, 경제, 그리고 인간 심리에 깊은 영향을 미치고 있으며, 이는 인류 문명의 존속을 위협할 수 있는 수준에 이르렀다고 경고한다. 하라리의 주장에 따르면, AI가 인류 역사의 새로운 전환점을 만들어 내고 있으며, 이러한 변화의 핵심은 기계가 인간 고유의 영역이었던 언어 능력을 습득했다는 점에 있다. 즉, AI의 진정한 힘은 공상 과학 속 두려운 로봇이 아닌, 인간과 함께하는 AI의 스토리텔링과 친밀감 형성 능력에 있으며, 이는 인류의 진로를 근본적으로 변화시키고 있다고 역설한다.

하라리가 지적한 AI의 언어 지배력과 친밀한 관계 형성 능력은 인간 간의 관계를 넘어, AI와 인간이 파트너이자 친구가 될 수 있다는 점에 주목할 필요가 있다. 이는 단순히 어떤 제품과 서비스를 대리(proxy)로 수행하는 정도가 아니라, 하나의 인격화한 사회적 존재를 의미한다. AI는 단순히 사회적 지지나 정보를 제공하는 무형의 존재를 넘어, 설거지나 산책을 함께하는 휴머노이드 로봇처럼 인간의 일상에 공존하는 수준으로 발전하고 있기 때문이다. 실제로 챗지피티가 인간의 감정 지각 능력을 뛰어넘었다는 연구 결과나, BMW 공장에서 휴머노이드 로봇이 인간과 협업하는 사례는 PR 분야에 중요한 시사점을 제공한다(Elyoseph et al., 2023; Figure, 2024).

하라리가 언급한 AI의 '친밀한 관계 형성' 능력과 생성형 AI가 인간과 교감하는 단계를 넘어서고 있는 시점에서, AI와 PR의 결합은 인간과 기계의 협업, 인간 공중과 기계 공중의 상호 작용, AI 기반 개인화 커뮤니케이션이라는 새로운 지평을 열어 가고 있다. 이는 PR 실무자들에게 도전이자 기회가 될 것이다. AI가 할 수 있는 것과 인간이 집중해야 할 사이의 경계를 재정의해야 함을 시사하기도 한다. 앞으로 AI 챗봇과 같은 기술이 인간의 언어를 모방하고 조작할 수 있으며, 하나의 지능을 가진 주체로 인간과 정서적 교감 능력을 충분히 갖출 수 있다는 점은 AI 시대의 PR 커뮤니케이션 대상과 방식, 효과를 재정의할 것이다.

AI 의존 시대, CEO 역할까지

기업체의 최고경영자를 AI가 맡는다면 어떨까? 이는 현실 가능성이 작아 보일 수 있지만, 폴란드의 주류 회사 딕타도르(Dictador)는 실제로 휴머노이드 로봇 미카(Mika)를 임명했으며, 중국의 온라인 게임 회사 넷드래곤 웹소프트(Net-Dragon Websoft)도 AI 탕유(Tang Yu)를 CEO로 임명한 바 있다. 인간이 로봇이나 기계의 평가를 거부할 것이라는 일반적 예상과 달리, 대학생들은 AI 기반 평가가 더 공정하고 투명하다고 선호한다는 연구 결과가 있다(Khare et al., 2018). 나아가 AI가 CEO로서 조직의 업무 성과와 빅데이터를 종합적으로 평가하고, 조직 내외 환경을 고려한 경영 전략 수립에서 더 나은 역량을 발휘할 수 있다는 전망도 제기되고 있다(Skubis & Wodarski, 2023).

물론, AI가 CEO 역할을 맡는 경우, 윤리적 의사 결정을 위해 인간의 감독이 필수적이라는 의견이 뒤따른다. 이는 AI가 미래의 기업 리더십 패러다임을 어떻게 변화시킬 수 있는지에 대한 중요한 통찰을 제공한다. PR과 AI의 융합 관점에서 인간-로봇 협력이 주요 이슈로 부상하면서, 인간의 개입과 윤리적 고려 사항, 사회적 합의의 중요성이 강조되고 있다. 또한, 조직 관리와 경영의 AI 의존도가 심화됨에 따라, AI 거버넌스와 리더십에 대한 새로운 이론적 프레임워크 구축이 요구되고 있다.

OSPC 모델로 본 AI와 PR

이렇듯 AI 시대의 도래는 PR 환경에 전례 없는 변화를 가져오고 있다. 과연 AI 기술 발전에 따라 PR의 변화를 어떠한 틀에서 탐색해야 할까? OSPC 모형은 조직, 상황, 공중, 커뮤니케이션 요소로 PR 실무와 학문적 체계를 분석하기 위한 이론적 틀이다. 이 모형에 따르면 조직(organization)은 PR 활동의 주체로서, 조직의 구조, 목표, 기능, 특성 등을 포함한다. 상황(situation)은 조직이 직면한 환경이나 문제로, 위기 · 쟁점 · 일상적 이슈 등 조직이 처한 정황을 의미한다. 공중(public)은 특정 상황 속에서 조직과 관련된 이해관계자 그룹으로, 고객 · 직원 · 투자자 · 지역 사회 · 정부 등이 포함된다. 커뮤니케이션(communication)은 조직이 특정한 상황 속에서 공중과 상호 작용하는 방식과 수단을 의미한다(박노일 외, 2017).

OSPC 모형은 PR의 핵심 구성 요소를 체계적으로 분석할 수 있는 틀을 제공하며, AI 시대의 PR 변화와 관련된 다양한 현상을 이해하는 데 중요한 역할을 한다(Jeong & Park, 2023). 먼저, 조직 차원에서 AI 기술의 도입은 조직의 의사 결정 과정에 근본적인 변화를 일으키고 있다. 전통적으로 PR 부서의 의사 결정은 경험적 지식과 과거 데이터를 기반으로 이루어졌으나, 이제 AI는 실시간 데이터 분석과 예측 모델을 통해 더 신속하고 정확한 결정을 내릴 수 있는 환경을 제공한다. 예를 들어, 소셜 미디어와 같은 디지털 플랫폼에서 수집된 대규모 데이터를 AI가 실시간으로 분석해 조직의 평판 관리나 위기 대응에 즉각적인 도움을 줄 수 있다. 이러한 변화는 PR 부서의 역할을 확장하며, 데이터 분석가나 AI 전문가와 같은 새로운 직무가 생겨나는 등 조직 구조에도 영향을 미친다. 또한, AI 기술의 활용은 데이터 중심의 의사 결정 문화를 촉진하며, 조직 내 지속적인 학습과 혁신을 요구하는 새로운 조직 문화를 형성하고 있다.

조직의 변화와 함께, AI는 PR에서 상황 분석의 정교화도 가능하다. AI 기반의 모니터링 도구들은 조직을 둘러싼 환경과 다양한 맥락을 실시간으로 감지하고 분석할 수 있게 해 주며, 이는 잠재적 위기 상황을 조기에 발견하고 대비할 수 있는 능력을 조직에 부여한다. 예를 들어, 소셜 미디어에서 빠르게 확산하는 부정적인 여론을 실시간으로 모니터링하고, 그에 따른 대응 전략을 신속히 수립할 수 있다. 또한, AI를 활용한 시나리오 플래닝은 다양한 상황을 시뮬레이션해 예상치 못한 위기에도 대비할 수 있도록 돕는다. 이는 PR 전문가들이 더 복잡한 상황을 다각적으로 분석하고 전략을 수립할 수 있는 여건을 마련해 주며, 다양한 플랫폼에서 발생하는 상황을 통합적으로 관리할 수 있는 능력도 향상시킨다.

공중 차원에서는 AI의 등장으로 공중 세분화와 개인화된 커뮤니케이션이 더욱 정교해지고 있다. AI는 대규모 데이터를 분석해 공중의 특성과 행동 패턴을 세밀하게 파악할 수 있으며, 이를 기반으로 각 세그먼트에 초개인화된 맞춤형 메시지를 전달하는 것이 가능해졌다. 예를 들어, 특정 연령대나 관심사를 가진 공중 구성원 개개인을 타깃으로 한 맞춤형 캠페인을 전개할 수 있으며, 이는 PR 메시지의 효과성을 극대화한다. 더 나아가, AI 기술을 활용하는 에이전트, 기계 공중 등 지능형 공중이 등장함에 따라 이들과의 커뮤니케이션 방식도 변화하고 있다. 지능형 공중은 AI 챗봇이나 디지털 플랫폼을 통해 조직과 상호 작용하며, 이 과정에서 PR 전문가들은 이들의 요구에 맞는 즉각적이고 개인화된 대응이 필요하게 되었다.

마지막으로, 커뮤니케이션 측면에서 AI는 콘텐츠 생성과 전달 방식을 혁신하고 있다. AI 기반 콘텐츠 생성 도구들은 메시지 제작 과정을 자동화해 PR 전문가들이 더 전략적이고 창의적인 업무에 집중할 수 있게 한다. 또한, AI는 개인의 특성과 선호도에 맞춘 맞춤형 메시지를 생성하고 전달할 수 있어 각 개인에게 최적화된 커뮤니케이션을 가능하게 한다. AI는 다중 채널 통합 커뮤니케이션을 통해서도 다양한 플랫폼에서 일관된 메시지를 효과적으로 전달할 수 있으며, 실시간 언어 번역과 문화적 조정을 통해 글로벌 PR 활동을 더욱 용이하게 만든다. 그러나 이러한 개인화된 커뮤니케이션은 프라이버시 문제를 야기할 수 있으며, 이에 대한 윤리적 고려가 필수적이다.

이러한 OSPC 모형의 모든 영역에 AI는 PR 연구와 실무 전체를 변화시키고 있다. 조직 차원에서 AI 도입이 상황 분석 능력을 향상시키고, 이는 다시 공중에 대한 이해를 깊게 하며, 궁극적으로 더 효과적인 커뮤니케이션을 가능하게 한다. 이제 AI 시대의 PR 전문가들은 이러한 변화를 종합적으로 이해하고, 각 요소 간 상호 작용을 고려한 통합적 PR 전략을 수립해야 한다. AI 기술이 제공하는 기회를 최대화하면서도, PR의 본질적 가치인 윤리성, 창의성, 전략적 사고를 유지하는 균형 잡힌 접근이 요구된다. 이는 단순한 기술 수용을 넘어, PR이 추구하는 사회적 가치와 책임을 지키기 위한 핵심 과제가 될 것이다. AI 시대의 PR은 이러한 새로운 도전과 기회를 포용하며, 기술과 인간의 협업을 통해 더욱 창의적이고 윤리적인 커뮤니케이션을 실현할 수 있을 것이다.

변화 저항과 대안, 변화 면역과 학습 조직

이렇듯 AI 시대의 도래는 PR 환경에 전례 없는 변화를 가져오고 있다. 그래서 다들 변해야 한다고 강조한다. 흥미롭게도 혁신의 목소리를 높이는 사람들은 심리적으로 본인을 제외한 다른 사람과 상황이 변해야 한다는 신념이 강하다. 이러한 역설적인 '변화 면역(immunity to change) 개념은 PR 조직과 전문가들이 AI 기술을 수용하는 과정에서 겪는 내적 저항을 분석하는 데 유용하다 (Kegan & Lahey, 2009).

조직 변화에 대한 저항은 표면적인 기술 역량 부족보다는 구성원들의 심층적 심리와 가치 체계에서 비롯된다. 변화 면역 관점은 PR 분야의 AI 도입 과정에서 발생하는 조직적 저항을 이해하고 관리하는 데 중요한 이론적 토대를 제공한다. PR 분야에서 AI 도입은 단순한 기술 변화를 넘어 조직 체질의 근원적 변화를 요구하는 고도의 적응적 과제다. 이 과정에서 발생하는 무의식적 저항은 새로운 기술에 대한 표면적 두려움과 기존 PR 관행 및 정체성 보호 욕구에 기인한다. 예컨대, AI 기반 데이터 분석 도구 도입에 대한 저항은 기술적 장벽뿐 아니라 기존 업무 방식 및 조직 문화와의 충돌에서 발생할 수 있다. 따라서 이러한 다층적 저항을 극복하기 위해서는 PR 조직의 심리적 · 문화적 차원을 포괄하는 통합적 AI 도입 전략이 필수적이다.

일찍이 피터 센게(Senge, 1990)가 주장한 학습 조직(learning organization)은 AI 시대에 더욱 중요해지고 있다. 학습 조직의 다섯 가지 원칙인 시스템 사고(systems thinking), 개인적 숙련(personal mastery), 정신 모델(mental models), 공유된 비전(shared vision), 팀 학습(team learning)은 AI 시대에도 여전히 유효하다. 이 원칙들은 빠르게 변화하는 환경에서 조직의 적응력을 높이고, 혁신과 창의성을 촉진하며, 구성원의 참여와 동기부여를 통해 지속 가능한 경쟁 우위를 확보하는 데 기여할 수 있다. PR 분야에서도 개인과 조직이 AI와 함께 학습하고 적응함으로써 지속적인 지능 업데이트와 발전을 이룰 필요가 있다.

중요한 '질문'에 관한 질문들

너무나도 빠르게 급변하는 AI 기술로 조직 외부 환경의 복잡성은 무한히 커지고 조직 내부의 적응력은 감소하는 상황을 타개해야 한다. 로버트 케건과 리사 라헤이(Kegan & Lahey, 2009)는 조직체의 외부 환경의 복잡성을 줄이고 동시에 난제를 해결할 수 있는 수준 높은 혁신을 추구하기 위해서는 조직 내부의 지식 기술 문화와 커뮤니케이션 방식을 개선해야 한다고 강조한다.

AI 기술의 복잡성이 높아지고 조직의 적응력을 감소하는 상황에서 조직체는 어떠한 핵심적인 방향 설정, 즉 질문을 던지느냐가 가장 중요하다(변형균, 2024). 질문은 새로운 탐색의 길을 제시하는 강력한 나침판과 같기 때문이다. 일론 머스크(Elon Musk)의 스페이스X 사례가 좋은 예다. 우주 발사체를 다루는 사업은 고도의 기술적 복잡성과 고비용이 수반된다. 일론 머스크가 수많은 외부의 문제들 중에서 핵심적인 질문을 던지면서 설정한 목표는 주목할 만하다. 어떻게 하면 우주 탐사 비용을 대폭 줄일 수 있나?(Muegge, & Reid, 2019) 외부의 복잡성을 비용 절감이란 목적을 설정함으로써 단순화한 것이다. 내부적으로는 구성원들이 실리콘밸리의 스타트업 정신을 무장하도록 유도하며, 업무 추진 과정에서는 빠른 실행과 지속적인 개선을 통해 우주 산업 분야에서 조직의 경쟁력을 강화하고자 했다.

어떤 방향, 즉 어떤 질문을 던질 것인가에 관한 탐구는 매우 중요한 학술적 · 실무적 과제다. AI 시대 PR은 어떠한 질문을 던져야 하는가. PR의 본질을 꿰뚫는 적확한 질문을 던질 때 AI 혁신을 주도할 수 있을 것이다. 지능 자체가 혁신의 원동력인 AI 시대에 PR은 근원적으로 변화하고 있다. PR 연구자와 실무자들이 이에 대응해 얼마만큼 PR의 본질에 대한 중요한 질문들을 던지는가에 따라 PR의 정체성과 역할, 그리고 AI와 인간의 협업을 어떻게 정의하고 발전시킬 것인가에 대한 방향은 달라진다.

거칠게 던질 수 있는 질문을 정리하면 다음과 같다. 첫째, 'AI가 PR의 본질을 어떻게 변화시키고 있는가?'라는 질문은 AI 기술이 PR의 핵심 가치와 목적에 미치는 영향을 탐구할 필요성을 제시한다. AI는 데이터 분석, 공중과의 상호 작용, 메시지 전달 방식 등에서 혁신을 일으키고 있지만, PR의 본질적 가치를 훼손하지 않도록 주의해야 한다고들 한다. 그렇다면 그 본질적 가치는 무엇인가? PR이 단순히 정보를 전달하는 것을 넘어 신뢰와 관계 구축에 중점을 둔다면, 인격화한 휴머노이드 로봇과 PR 커뮤니케이션을 어떻게 정립할 수 있는지에 대한 연구 등은 필수적이다.

둘째, 'AI 시대에 공중을 과연 어떻게 정의해야 하는가?'라는 질문이다. AI 기술의 발전에 따라 공중의 개념도 변화하고 있다. AI 에이전트, 앰비언트 컴퓨팅, 휴머노이드 로봇, 소브젝트, 기계 공중 등 인격화한 존재 부각은 PR 실무에서 AI와 로봇에 대한 커뮤니케이션 방식을 새롭게 정의해야 할 필요성을 제시한다. 이러한 기술적 존재를 단순한 도구가 아닌 상호 작용 가능한 존재로 다루는 것은, PR 활동에서 인간과 기술 간의 상호 작용을 정교하게 관리해야 할 필요성을 보여 준다. 결국, AI 시대의 PR에서 공중 개념은 인간과 비인간 요소를 모두 포함하는 방향으로 진화하고 있으며, 이는 PR 전략의 패러다임 전환을 의미한다.

셋째, 'AI 시대에 인간 PR 전문가의 고유한 역할은 무엇인가?'라는 질문은 AI와 인간의 협업 모델을 개발하는 데 중요하다. AI가 PR 업무의 많은 부분을 자동화할 수 있지만, 창의적 전략 수립, 윤리적 판단, 공중과 깊이 있는 관계 구축 등은 여전히 인간의 고유한 역량에 의존한다. 하지만 CEO까지 AI 로봇이 대신하는 추세다. AI 의존은 과의존을 넘어 완전 의존 또는 통제의 단계로 갈 수도 있다. 따라서 AI와 인간의 협력 모델을 어떻게 설계하고, PR 전문가의 역할을 어떻게 재정의할 것인가에 대한 논의가 필요하다.

넷째, 'AI 시대에 PR의 사회적 책임과 윤리적 경계는 어디까지인가?'라는 질문은 PR의 사회적 역할과 영향력을 재고하는 데 중요한 논점이다. AI 기술이 PR의 사회적 책임을 강화할 것인지, 아니면 약화할 것인지에 대한 심도 있는 논의가 필요하다. AI의 활용은 개인 정보 보호, 데이터 편향성, 투명성 등 다양한 윤리적 문제를 야기할 수 있으며, 이러한 문제들을 해결하기 위해서는 명확한 윤리적 기준이 필요하다.

마지막으로, 'PR 학계는 미래 세대를 위해 어떻게 AI를 교육시켜야 하는가?'라는 질문은 PR 교육의 방향성을 결정하는 핵심적인 요소다. AI 시대의 도래에 따라 PR 교육은 중요한 전환점을 맞이하고 있다. AI와 데이터 분석에 대한 기술적 이해를 넘어서, 윤리적 문제와 인간적 요소를 반영한 AI 활용 전략을 왜 그리고 어떻게 가르칠 것인가는 매우 중요한 질문이다.

결론적으로, AI 시대의 PR에서는 외부 복잡성을 줄이고 내부 역량을 강화하는 방향성과 목적 설정이 핵심이다. PR의 본질적 가치를 유지하면서 AI와 인간의 협업을 통해 효과적인 커뮤니케이션과 호혜적 공중 관계성 구축을 실현하기 위해서는, 생성형 AI와 공중의 재해석, 메타버스와 휴머노이드 기술이 PR의 본질적 역할과 접근방식을 어떻게 재정립할지 주목해야 한다. 특히 AI 저널리즘, 위기 관리, 평판 관리, PR 윤리와 AI 거버넌스의 진화를 자세히 분석하고 이에 대한 해답을 찾고자 할 때 AI 시대 PR 커뮤니케이션의 좌표를 확인할 수 있을 것이다.

참고문헌

박노일 외(2017). PR 구성 체계 연구: OSPC 모형(Organization-Situation-Public-Communication Model) 제안. ≪한국언론학보≫, 61(3), 283-310쪽.

변형균(2024). 『통찰하는 기계, 질문하는 리더』. 한빛비즈.

정지연·박노일(2023). 인간-AI 커뮤니케이션 연구주제 탐색: 챗GPT와 SMCRE 모형을 중심으로. ≪디지털콘텐츠학회논문지≫, 24(8), 1805-1814쪽.

Elyoseph, Z., et al.(2023). ChatGPT outperforms humans in emotional awareness evaluations. *Frontiers in psychology*, *14*, 1199058.

Figure(2024). About Us. https://www.figure.ai/about-us

Harari, Y. N.(2023.4.28). Yuval Noah Harari argues that AI has hacked the operating system of human civilisation: Storytelling computers will change the course of human history, says the historian and philosopher. *The Economist.* https://www.economist.com/by-invitation/2023/04/28/yuval-noah-harari-arg

Jeong, J., & Park, N.(2023). Examining the influence of artificial intelligence on public relations: Insights from the Organization-Situation-Public-Communication (OSPC) Model. *Asia-Pacific Journal of Convergent Research Interchange, 9*(7), pp.485-495.

Khare, K., et al.(2018). Artificial intelligence and the student experience: An institutional perspective. *IAFOR Journal of education, 6*(3), pp.63-78.

Kegan, R., & Lahey, L. L.(2009). *Immunity to change: How to overcome it and unlock the potential in yourself and your organization.* Harvard Business Review Press.

Kurzweil, R.(2005). *The singularity is near: When humans transcend biology* [Kindle Edition]. Viking.

Kurzweil, R.(2024). *The singularity is nearer: When we merge with AI* [Kindle Edition]. New York: Viking.

Muegge, S., & Reid, E.(2019). Elon Musk and SpaceX: A case study of entrepreneuring as emancipation. *Technology innovation management review, 9*(8), pp.18-29.

Ortiz, S.(2022.9.13). What is ambient computing? Everything you need to know about the rise of invisible tech. ZDNet. https://www.zdnet.com/article/what-is-ambient-computing-everything-you-need-to-know-about-the-rise-of-invisible-tech/

Scheibenreif, D., & Raskino, M.(2023). When machines become

customers: Ready or not, AI enabled non-human customers are coming to your business. How you adapt will make or break your future. Gartner Inc.

Senge, P.(1990). Peter Senge and the learning organization. *Dimension*, *14*, pp.1-13.

Skubis, I., & Wodarski, K.(2023). Humanoid robots in managerial positions: Decision-making process and human oversight. Scientific Papers of Silesian University of Technology. Organization and Management Series, No. 189. Silesian University of Technology Publishing House. http://dx.doi.org/10.29119/1641-3466.2023.189.36

Ullmann, L.(2022). The quasi-other as a Sobject. *Technology and language*, *3*(1), pp.76-81. https://doi.org/10.48417/technolang.2022.01.08

01
생성형 AI와 커뮤니케이션 변동

생성형 AI의 등장으로 커뮤니케이션 패러다임이 변화하고 있다. PR 환경도 메시지 전달 방식 다양화, 공중과의 긴밀한 상호 작용, 빅데이터 기반 의사 결정 등으로 변화 중이다. 그러나 조직체와 공중, 커뮤니케이션과 관계성이라는 PR의 본질은 변하지 않는다. 단지 그 변화의 크기와 정도는 기술과 어떻게 조화할 것인가에 달려 있다.

생성형 AI와 커뮤니케이션

생성형 AI(generative AI)는 현대 문명 기술의 진보를 대표하는 혁신적 도구로, 텍스트·이미지·음성 등 다양한 형태의 콘텐츠를 생성할 수 있는 능력을 지니고 있다(Brown et al., 2020). 특히 대규모 언어 모델(large language models, LLMs)을 기반으로 한 생성형 AI는 인간의 언어를 이해하고 생성하는 데서 놀라운 성능을 보여주고 있다. 이러한 AI 기술의 진보는 PR 실무에 새로운 가능성과 도전을 동시에 제시하며, PR의 본질과 실천 방식에 대한 근본적인 재고를 요구하고 있다.

생성형 AI의 핵심 기술적 특성은 크게 세 가지로 요약할 수 있다(정지연·박노일, 2023; Feuerriegel et al., 2024). 첫째는 방대한 데이터를 학습해 다양한 맥락과 패턴을 이해하는 능력이다. 생성형 AI는 대량의 데이터에서 학습한 패턴을 바탕으로 새로운 콘텐츠를 생성할 수 있다. 둘째는 새로운 콘텐츠를 생성할 때 학습한 패턴을 창의적으로 조합하는 능력이다. 이로 인해 AI는 기존 정보의 단순 재구성을 넘어 새로운 콘텐츠를 창의적으로 생성할 수 있게 되었다. 셋째는 이용자와의 상호 작용을 통해 지속적으로 학습하고 개선하는 능력이다. 생성형 AI는 이용자와의 질의응답, 지도 학습, 강화 학습 등을 통해 자신의 성능을 지속해서 향상하며 더 정교한 콘텐츠를 생성할 수 있다.

이러한 특성들은 커뮤니케이션 패러다임에 근본적인 변화를 가져오고 있다(Liang et al., 2024). 첫째, 콘텐츠 생산과 소비의 경계가 모호해지고 있다. 과거에는 콘텐츠 생산자와 소비자가 명확히 구분되었지만, 생성형 AI를 통해 누구나 쉽게 고품질의 콘텐츠를 생산할 수 있게 되면서 이 구분이 점차 흐려지고 있다. 둘째, 개인화를 넘어 초개인화된(hyperpersonal) 지능형 커뮤니케이션의 등장이다. 생성형 AI는 개인의 선호도, 행동 패턴, 맥락 등을 고려해 맞춤형 메시지를 생성함으로써, 매스커뮤니케이션에서 개인화된 커뮤니케이션으로의 전환을 가속하고 있다. 셋째, 실시간 상호작용의 질이 향상되고 있다. 생성형 AI 챗봇 등을 통해 24시간 즉각적이며 맥락에 맞는 응답이 가능해지면서, 커뮤니케이션의 시공간적 제약이 크게 완화하고 있다. 넷째, 다국어 커뮤니케이션이 쉬워지고 있다. 생성형 AI의 뛰어난 번역 능력 덕분에 언어 장벽이 낮아지고, 본질적인 도메인 지식과 인간 중심 가치에 기반한 글로벌 커뮤니케이션이 더욱 활발해지고 있다.

생성형 AI 시대의 PR 환경 변화

커뮤니케이션 패러다임의 변동은 PR 환경에도 큰 영향을 미치고 있다(Buhmann & White, 2022). 첫째, 메시지 전달의 주체와 방식이 다양화하고 있다. 생성형 AI를 활용한 자동화된 콘텐츠 생성과 배포가 가능해지면서 PR 메시지의 생산과 전달 과정이 더욱 복잡해지고 있다. 전통적으로 PR 실무자는 메시지의 생성부터 전달까지 모든 과정을 직접 관리해 왔으나, 이제 AI가 이러한 과정의 일부 또는 전체를 자동화하고 효율화하면서, PR 실무자의 역할과 책임이 재정의되고 있다.

둘째, 공중과의 상호 작용이 더욱 긴밀해지고 있다. 생성형 AI를 통한 실시간 모니터링과 응답이 가능해지면서, 공중의 니즈와 반응에 더욱 민감하게 대응할 수 있게 되었다. 과거에는 공중의 의견을 수렴하고 이에 대응하는 데 시간이 걸렸지만, 이제는 실시간으로 공중의 반응을 분석하고 즉각적인 피드백을 제공할 수 있다. 이는 PR 실무자가 공중과의 관계를 보다 능동적으로 관리할 기회를 제공한다. 반대로, AI 에이전트로 무장한 지능적인 공중과 소통해야 하는 새로운 과제를 던져 주기도 한다.

셋째, 빅데이터 기반 의사 결정이 강화되고 있다. 생성형 AI의 뛰어난 데이터 분석 능력을 통해 더욱 정교한

PR 전략 수립과 실행이 가능해졌다. 과거의 경험과 직관에 의존하던 의사 결정이, 이제는 대용량 데이터의 AI 실시간 분석을 통해 체계적이고 과학적으로 이루어질 수 있다. 이로 인해 PR 실무는 이전보다 더 빠르고 효과적인 전략을 수립할 수 있게 되었다.

마지막으로, 크리에이티브 작업의 성격이 변화하고 있다. 생성형 AI가 기본적인 콘텐츠 제작을 맡으면서, PR 전문가들은 더 고차원적인 전략 수립과 창의적 아이디어 제시에 집중할 수 있게 되었다. 이는 PR 실무자의 역할이 단순한 메시지 제작을 넘어서, 전략적 사고와 창의적 문제 해결로 확장하고 있음을 의미한다.

PR의 본질적 가치 재조명

이러한 변화 속에서 PR의 본질적 가치를 재조명할 필요가 있다. PR의 핵심 가치는 여전히 조직과 공중 간의 상호 이해와 호혜적 관계 구축에 있다. 생성형 AI는 이러한 가치를 실현하는 데 강력한 도구가 될 수 있지만, 동시에 몇 가지 중요한 도전을 제기한다(Jeong & Park, 2023).

첫째, 진정성의 문제다. 생성형 AI로 만들어진 메시지가 과연 조직의 진정한 목소리를 대변할 수 있는가? PR 전문가들은 기술 활용과 인간적 터치 사이에서 어떻게 균형을 맞출 것인가? 생성형 AI가 생성한 콘텐츠는 효율적이고 정확할 수 있지만, 진정한 인간의 감정을 전달하는 데에는 한계가 있을 수 있다. PR 실무자는 AI를 보완할 수 있는 인간적 요소를 어떻게 통합할 것인지에 대해 고민해야 한다.

둘째, 윤리적 고려사항이다. 생성형 AI를 활용한 PR 활동에서 투명성, 책임성, 공정성을 어떻게 확보할 것인가? 특히 AI가 생성한 콘텐츠의 출처와 성격을 공중에게 어떻게 명확히 알릴 것인가? AI가 생성한 콘텐츠가 조직의 메시지와 일치하지 않거나, 거짓 또는 과장된 내용으로 공중을 오도할 가능성이 있다. PR 실무자는 이러한 윤리적 문제를 미리 인식하고, 이를 예방하기 위한 체계적인 전략을 수립해야 한다.

셋째, 전문성의 재정의다. 생성형 AI 시대에 PR 전문가의 역할과 가치는 무엇인가? 단순 작업의 자동화를 넘어, PR 전문가만이 제공할 수 있는 고유한 가치는 무엇인가? 생성형 AI가 많은 작업을 대체할 수 있음에도 불구하고, PR 실무자는 여전히 조직과 공중 간의 신뢰를 구축하고 유지하는 데 중요한 역할을 한다. 이 과정에서 PR 전문가의 AI 활용 능력, 전략적 사고, 인간적 공감, 창의적 문제 해결 능력은 여전히 필수적이다.

미래 PR의 방향성

생성형 AI 시대의 PR은 다음과 같은 방향으로 진화해 나갈 것으로 예상한다(Raftopoulos & Hamari, 2023). 첫째, 기술과 인간의 조화를 추구하는 'AI-인간 협업(AI-Human collaboration) 모델'이 주류가 될 것이다. 생성형 AI의 효율성과 인간 PR 전문가의 창의성, 공감 능력이 결합한 새로운 PR 실무 모델이 등장할 것이다. 이는 PR 실무자가 AI와 협력해 더 나은 성과를 도출할 기회를 제공하며, 동시에 PR 실무자의 역할을 재정립하게 될 것이다.

둘째, 데이터 기반의 전략적 PR이 더욱 고도화될 것이다. 생성형 AI의 빅데이터 분석 능력을 활용해, 더욱 정교하고 효과적인 PR 전략 수립이 가능해질 것이다. 이는 PR 실무자가 공중의 행동과 반응을 예측하고, 이에 맞춘 맞춤형 전략을 실시간적으로 수립할 수 있는 능력을 갖추게 한다. 셋째, 글로벌-로컬 PR의 균형이 새롭게 정립될 것이다. 생성형 AI의 다국어 처리 능력을 활용해, 글로벌 메시지의 현지화가 더욱 섬세하게 이루어질 것이다. 이는 국제적 기업들이 각 지역의 문화적 맥락을 고려한 맞춤형 PR 전략을 수립할 수 있도록 돕는다.

넷째, PR의 영역이 확장될 것이다. 생성형 AI를 통해

PR이 마케팅, 고객 서비스, 제품 개발 등 다양한 영역과 더욱 긴밀하게 연계될 것이다. 이는 PR 실무자가 조직 내 다양한 부서와 협력해 종합적이고 통합적인 커뮤니케이션 전략을 수립하는 데 중요한 역할을 하게 된다.

결론적으로, 생성형 AI의 등장은 PR의 위기이자 기회다. 이 새로운 기술을 어떻게 활용하고 관리하느냐에 따라 PR의 미래가 결정될 것이다. PR 전문가들은 기술의 발전에 맞춰 자신의 역량을 지속적으로 개발하는 동시에, PR의 본질적 가치를 잊지 말아야 할 것이다. 생성형 AI 시대의 PR은 기술과 인간의 강점을 결합해, 더욱 효과적이고 의미 있는 커뮤니케이션을 실현하는 데 초점을 맞추어야 할 것이다.

생성형 AI는 PR 실무를 혁신할 수 있는 잠재력을 지니고 있으며, 이를 통해 PR의 역할이 더욱 확대되고 깊이 있는 전략이 요구될 것이다. 그러나 이 과정에서 PR 실무자는 기술의 발전 속에서도 인간 중심적 가치를 유지하며, 진정성 있는 커뮤니케이션을 통해 조직과 공중 간의 신뢰를 지속적으로 구축해 나가야 할 것이다.

참고문헌

정지연·박노일(2023). 인간-AI 커뮤니케이션 연구주제 탐색: 챗

GPT와 SMCRE 모형을 중심으로. ≪디지털콘텐츠학회논문지≫, 24(8), 1805-1814쪽.

Brown, T., et al.(2020). Language models are few-shot learners. *Advances in neural information processing systems, 33*, pp.1877-1901.

Buhmann, A., & White, C. L.(2022). Artificial intelligence in public relations: Role and implications. In *The Emerald handbook of computer-mediated communication and social media*(pp.625-638). Emerald Publishing Limited.

Feuerriegel, S., et al.(2024). Generative AI. *Business & information systems engineering, 66*(1), pp.111-126.

Jeong, J., & Park, N.(2023). Examining the influence of artificial intelligence on public relations: Insights from the Organization-Situation-Public-Communication (OSPC) Model. *Asia-Pacific journal of convergent research interchange, 9*(7), pp.485-495.

Liang, C., et al.(2024). Generative AI-driven semantic communication networks: Architecture, technologies and applications. *IEEE Transactions on Cognitive Communications and Networking.*

Raftopoulos, M., & Hamari, J.(2023). Human-AI collaboration in organisations: A literature review on enabling value creation. ECIS 2023 Research Papers, 381. https://aisel.aisnet.org/ecis2023_rp/381

02

생성형 AI 시대, 공중의 재해석

생성형 AI 시대의 공중은 인간과 AI가 혼재된 복합적 존재로, PR 실무에 새로운 도전 과제를 제시한다. 이제 PR 실무자는 인간-AI 하이브리드 관점으로 공중을 이해하고, 실시간 대응과 개인화된 소통, 투명성과 보안의 균형을 추구하며, 기술과 인간 중심 접근을 결합한 새로운 PR 패러다임을 정립해야 한다.

생성형 AI 시대와 공중 개념

생성형 AI의 급격한 발전은 PR의 핵심인 '공중'에 대한 재해석을 요청하고 있다. 전통적으로 PR에서 공중은 특정 조직과 상호 작용하는 인간 집단을 의미했다(박노일, 2010). 그러나 생성형 AI가 등장하면서 이러한 정의는 충분하지 않게 되었다.

생성형 AI 시대의 공중은 이전과는 다른 몇 가지 중요한 특성을 지닌다(Li & Zhang, 2023). 첫째, 공중은 이제 인간과 AI가 혼재된 복합적 존재로 구성된다. 예를 들어, 인간을 대신하는 AI 에이전트가 포함되면서 PR 실무자는 인간뿐 아니라 AI의 반응과 상호 작용도 고려해야 한다. 둘째, 공중은 온라인과 오프라인의 경계가 점점 모호해지는 환경에서 활동하게 되었다. 이는 공중의 활동이 물리적 공간에 한정되지 않고, 디지털 공간에서의 활동이 더욱 중요해졌음을 의미한다. 셋째, 공중은 데이터를 통해 더욱 정교하게 정의되고 분류된다. 데이터 분석 기술의 발전으로 공중을 다차원적으로 파악할 수 있는 도구가 제공되며, 이로 인해 공중 구성원 개개인의 특성을 세밀하게 분석할 수 있게 되었다. 넷째, 공중은 실시간으로 변화하는 동적 특성을 가진다. 공중의 의견과 감정은 빠르게 변하며, PR 실무자는 이러한 변화를 실시간으로 추적하고 대응할 필요가 있다.

특히 주목할 부분은 생성형 AI의 발전으로 인해 등장한 인간을 대리하거나 독립적인 주체인 'AI 공중'이다(Scheibenreif & Raskino, 2023). 학술적으로 AI 공중이란 개념은 정착되어 있지 않지만, AI 공중은 AI 기반 소셜 미디어 계정 등을 포함하며, AI 챗봇, 가상 비서. AI 에이전트, 기계 고객, 소브젝트 등을 통칭해 'AI 공중'으로 개념화할 수 있다. 이들은 인간을 모방 또는 대신하거나 가까운 미래에는 독립적으로 의사 결정하며 조직과 상호작용하는 새로운 형태의 공중이다.

AI 공중의 등장은 PR 실무에 여러 가지 도전을 제기한다. 첫째, AI 공중과의 효과적인 소통 방법을 고민해야 한다. AI 공중은 인간과는 다른 방식으로 정보에 반응하고 처리하기 때문에, 기존의 PR 전략이 항상 효과적이지 않을 수 있다. 둘째, AI 공중이 생성하거나 전파하는 정보를 어떻게 관리할 것인가도 중요한 문제다. AI 공중은 때로는 예상치 못한 방식으로 정보를 생성하고 확산시킬 수 있으며, 이를 적절히 관리하지 않으면 부정적인 영향을 초래할 수 있다. 셋째, AI 공중의 활동이 실제 인간 공중에 미치는 영향을 이해하고 대응하는 것이 중요한 과제로 대두되고 있다. AI 공중이 인간 공중에 미치는 영향은 복잡하고 예측하기 어려우므로, PR 실무자는 이들 간의 상호 작용을 면밀히 분석하고 적절히 대응할 필요가 있다.

인간-AI 하이브리드 모델과 기계 공중

생성형 AI 시대에 들어서면서, 공중이라는 개념은 기존의 인간 중심적 정의에서 벗어나 더욱 복잡하고 다층적인 모델로 확장되어야 한다. 전통적으로 PR 실무에서 공중은 특정 조직과 상호 작용하는 인간 집단을 의미했다. 그러나 오늘날 우리는 인간과 AI가 복합적으로 얽힌 하이브리드 모델(hybrid human-AI)로 공중을 이해해야 할 필요성이 제기되고 있다. 이 하이브리드 모델에서는 인간의 의사 결정과 행동이 AI에 의해 영향을 받으며, 동시에 AI의 작동도 인간의 입력과 피드백에 의해 조정된다(Dellermann et al., 2021). 이와 같은 상호 작용은 공중을 정의하는 데 필수적인 요소로 자리 잡고 있다.

하이브리드 공중 모델에서 인간과 AI는 상호 보완적인 관계를 형성한다. 인간은 자신의 경험과 감정을 바탕으로 의사 결정을 내리고, AI는 대량의 데이터를 분석해 인간의 결정을 지원하거나 예측할 수 있다. 예를 들어, AI는 소셜 미디어에서 공중의 감정을 실시간으로 분석하고, 이를 바탕으로 PR 전략을 조정하는 데 기여할 수 있다. 이러한 과정에서 AI는 인간의 피드백을 통해 성능과 정확도를 지속적으로 개선해 나간다. 이러한 상호 작용은 공중을 보다 유동적이고 복합적인 존재로 변화시킨다.

이러한 공중의 정의는 특히 '기계 고객'의 개념을 통해 더욱 구체화한다. 기계 고객은 인간 대신, 또는 인간과 협력해 자율적으로 거래에 참여하는 비인간적 존재를 의미한다. 이들은 단순한 자동화 시스템과 달리, 다양한 요소를 고려해 스스로 결정을 내리고 시간이 지나면서 행동을 적응시킬 수 있다. 예를 들어, AI 기반의 가상 비서나 챗봇은 이용자의 선호도와 과거 행동 패턴을 바탕으로 특정 상품을 추천하거나 구매 결정을 대신 내릴 수 있다. 이러한 기계 고객은 경제적 거래에서 점점 더 중요한 역할을 맡게 될 것으로 보이며, 이는 공중의 개념을 근본적으로 재정의할 필요성을 제기한다.

기계 고객의 출현은 인간 공중과 AI 공중 사이의 경계를 더욱 모호하게 만든다. 가트너(Gartner)는 기계 고객의 발전 단계를 세 가지로 구분하며, 현재는 인간이 주도하고 기계가 이를 실행하는 '수동 고객' 단계에 머물러 있다고 설명한다. 그러나 2026년이 되면 인간과 기계가 공동으로 주도하고 기계가 실행하는 '적응 고객' 단계로 진입할 것이며, 2036년경에는 기계가 주도하고 실행하는 '자율 고객' 단계로 발전할 것으로 예측된다(Scheibenreif & Raskino, 2023). 이러한 변화는 PR 실무자들에게 기계 고객과 인간 공중을 동시에 고려한 복잡한 전략적 사고를 요구한다.

기계 고객의 출현과 하이브리드 모델의 발전으로 PR 전략 수립에도 중요한 변화가 필요하다. 인간 공중과 AI 공중을 별개로 다루는 것이 아니라, 이들 간의 상호 작용을 고려한 통합적 접근이 필요하기 때문이다(Alabed et al., 2022). 이는 PR 실무자가 공중의 다양성을 더 깊이 이해하고 이에 맞는 맞춤형 전략을 개발할 수 있도록 돕는다. 예를 들어, AI는 공중의 행동 패턴을 분석해 미래의 방향을 예측하고, 이를 바탕으로 선제적 PR 전략을 수립할 수 있게 한다. 하지만 이 과정에서 인간 PR 전문가의 통찰력과 창의성은 여전히 중요한 역할을 한다. AI가 제공하는 데이터를 효과적으로 해석하고, 이를 공중과의 소통에 활용하는 능력이 필수적이다.

결국, 생성형 AI 시대의 공중은 단순히 인간으로만 구성된 것이 아니라, 인간과 AI가 복잡하게 얽힌 존재로 재정의되어야 한다. PR 실무자는 이러한 새로운 공중 개념을 바탕으로 더 정교하고 포괄적인 전략을 수립해야 한다. 이를 통해 조직은 다양하고 복잡한 공중 관계를 성공적으로 관리하며, 궁극적으로 조직의 목표 달성에 기여할 수 있을 것이다. 생성형 AI의 발전은 PR 실무자에게 도전이자 기회를 제공한다. PR 실무자와 조직은 이러한 기술 환경에서 인간 공중과 AI 공중 모두와의 효과적인 관계를 구축해야만 하는 과제를 마주하게 될 것이다.

공중 관계 관리의 새로운 패러다임

생성형 AI 시대에 들어서면서, 공중 관계 관리의 방식은 기존의 접근에서 벗어나 새로운 패러다임을 요구하게 되었다. AI 기술의 발전과 함께 공중의 특성이 더욱 복잡해지고 다차원적으로 변화함에 따라 PR 실무자들은 이에 맞는 전략을 마련해야 한다(Kanbach et al., 2024; Oh & Ki, 2024).

첫째, 실시간 대응과 선제적 관리의 균형이 필수적이다. 생성형 AI는 공중의 행동과 감정 변화를 실시간으로 모니터링하고 분석할 수 있는 능력을 제공한다. 이를 통해 PR 실무자들은 즉각적 대응이 가능해지며, 장기적인 전략 수립도 더욱 정교해질 수 있다. 예를 들어, 소셜 미디어에서 특정 이슈가 빠르게 확산될 때 AI는 이를 실시간으로 감지하고 적절한 대응 방안을 제시할 수 있다. 동시에, 과거 데이터를 기반으로 미래의 공중 반응을 예측해 선제적 PR 전략을 수립하는 데도 중요한 역할을 한다. 이와 같은 접근은 공중의 빠른 변화에 신속히 대처할 수 있는 능력을 배양하는 데 필수적이다.

둘째, 개인과 조직의 조화가 중요하다. AI를 활용한 개인화한 커뮤니케이션은 공중과의 소통을 더욱 효과적으로 만들어 준다. 예를 들어, AI는 공중의 개인적 취향과 행동 패턴을 분석해 맞춤형 메시지를 제공할 수 있다. 그러나 이러한 개인화한 접근이 조직의 핵심 메시지와 가치를 왜곡하지 않도록 조율하는 것이 중요하다. PR 실무자는 AI가 생성한 개인화 콘텐츠가 조직의 일관된 메시지와 충돌하지 않도록 세심한 주의를 기울여야 한다. 이를 위해서는 조직의 정체성과 가치를 유지하면서도 공중의 다양한 요구에 부응할 수 있는 능력을 갖추는 것이 필요하다.

셋째, 투명성과 보안의 균형을 유지하는 것이 필수적이다. AI 기술을 활용해 데이터를 수집하고 분석하는 과정에서, 공중의 개인 정보 보호와 데이터 활용의 투명성을 어떻게 균형 있게 유지할 것인지가 중요한 과제로 떠오르고 있다. PR 실무자는 데이터를 활용할 때 공중에게 그 과정을 투명하게 공개하고, 동시에 개인 정보를 철저히 보호하는 데 신경 써야 한다. 이는 조직의 신뢰도를 유지하고 법적 문제를 예방하는 데 필수적이다. 공중의 데이터를 활용해 개인화된 경험을 제공하는 경우, 그 과정에서 발생할 수 있는 개인 정보 유출 위험을 최소화하는 방안도 마련되어야 한다.

넷째, 기술과 인간적인 접근의 결합이 요구된다. AI는 데이터를 빠르게 처리하고 분석하는 데서 탁월한 능력을 발휘하지만, PR 실무에서는 인간적인 접근도 여전히 중요한 역할을 한다. AI의 효율성을 극대화하면서도 PR 전문가의 창의성과 공감 능력을 결합하는 것이 필요하다. 예를 들어, AI가 제공하는 분석 결과를 바탕으로 공중과의 소통 전략을 수립하되, 이 과정에서 인간적인 감성과 공감을 잃지 않도록 하는 것이 중요하다. 이는 공중이 조직과 소통하는 데서 느낄 수 있는 인간적인 연결을 유지하면서도 AI가 제공하는 데이터를 효과적으로 활용할 수 있게 한다.

이러한 새로운 패러다임은 공중 관계 관리의 전반적인 접근을 재구성할 필요성을 제기한다. PR 실무자는 AI의 도입으로 인해 변화하는 공중의 특성을 이해하고, 이를 바탕으로 정교하고 통합된 전략을 마련해야 한다. 기술과 인간적 접근이 적절히 결합된 공중 관계 관리는 조직이 변화하는 환경 속에서 지속적으로 공중과의 긍정적 관계를 유지하고, 나아가 조직의 성공에 기여할 수 있는 중요한 요소가 될 것이다.

참고문헌

박노일(2010). 상황이론의 블로거 공중 세분화 적용 연구. ≪PR 연구≫, 14(3), 69-105쪽.

Alabed, A., et al.(2022). AI anthropomorphism and its effect on users' self-congruence and self-AI integration: A theoretical framework and research agenda. *Technological forecasting and social change*, *182*, 121786.

Dellermann, D., et al.(2021). The future of human-AI collaboration: A taxonomy of design knowledge for hybrid intelligence systems. *arXiv preprint arXiv*, 2105.03354.

Jeong, J., & Park, N.(2023). Examining the influence of artificial intelligence on public relations: Insights from the Organization-Situation-Public-Communication (OSPC) Model. *Asia-Pacific journal of convergent research interchange*, *9*(7), pp.485-495.

Kanbach, D. K., et al.(2024). The GenAI is out of the bottle: generative artificial intelligence from a business model innovation perspective. *Review of Managerial Science*, 18(4), pp.1189-1220.

Li, C. Y., & Zhang, J. T.(2023). Chatbots or me? Consumers' switching between human agents and conversational agents.

Journal of retailing and consumer services, 72, 103264.

Oh, J., & Ki, E. J.(2024). Can we build a relationship through artificial intelligence (AI)? Understanding the impact of AI on organization–public relationships. *Public relations review, 50*(4), 102469.

Scheibenreif, D., & Raskino, M.(2023). When machines become customers: Ready or not, AI enabled non–human customers are coming to your business. How you adapt will make or break your future. Gartner Inc.

03
생성형 AI 에이전트와 PR

생성형 AI 에이전트는 PR 분야에 변혁을 일으키고 있다. 대규모 데이터 학습, 실시간 상호 작용, 창의적 문제 해결 능력으로 PR 실무에 새로운 가능성을 열어 준다. AI 기술을 활용해 PR 효율성을 극대화할 수 있지만, 인간 PR 전문가 협업이 핵심이다.

생성형 AI 에이전트의 등장

생성형 AI 에이전트의 등장은 PR 분야에 새로운 변화를 가져오고 있다. AI 에이전트는 단순한 자동화를 넘어 인간처럼 학습하고 창의적으로 문제를 해결할 수 있는 능력을 갖추고 있어서 PR 실무에 새로운 가능성을 제시하고 있기 때문이다(김송미, 2023; Kapoor et al., 2024; Li & Zhang, 2023).

생성형 AI 에이전트의 주요 특징은 대규모 데이터 학습, 실시간 상호 작용, 창의적 문제 해결 능력이다. 이들은 방대한 데이터를 학습해 다양한 상황에 유연하게 대응할 수 있으며, 공중과 실시간으로 상호 작용해 즉각적인 정보를 제공한다. 또한, 주어진 문제에 대해 창의적인 해결책을 제시할 수 있어서 PR 캠페인에 새로운 아이디어와 전략을 도출하는 데 유용하다.

PR 실무에서 생성형 AI 에이전트는 콘텐츠 생성의 혁신, 개인화된 커뮤니케이션 강화, 위기 대응 능력 향상, 데이터 분석과 예측의 고도화 등 다양한 측면에서 변화를 가져오고 있다. 이를 효과적으로 활용하면 PR 실무자들은 더 전략적이고 효율적인 업무 수행이 가능해질 것이다.

그러나 생성형 AI 에이전트의 활용에는 윤리적 고려

사항도 따른다. 투명성, 책임성, 공정성 등이 주요 쟁점이며, AI가 생성한 콘텐츠의 출처를 명확히 밝히고 AI 활용에 따른 책임 소재도 명확히 해야 한다. 또한, AI가 편향되지 않고 공정하게 운영되도록 해야 한다.

생성형 AI 에이전트와 인간 PR 전문가의 협업 모델도 중요하다. AI는 데이터 분석과 콘텐츠 생성 등에서 주도적 역할을 하고, 인간은 창의적 전략 수립과 감성적 소통에 집중하는 방식으로 협력할 수 있다. 이러한 협업을 통해 AI는 지속적으로 학습하고 성능을 개선할 수 있으며, 인간 PR 전문가의 전략적 역량도 함께 강화될 수 있다.

결론적으로, 생성형 AI 에이전트는 PR 실무에 혁신적인 변화를 가져오고 있으며, PR의 미래를 더욱 다차원적이고 복합적인 형태로 진화시킬 것이다. PR 실무자들은 이러한 AI 기술을 적극적으로 활용해 공중과의 소통을 강화하고 더욱 정교한 전략을 수립할 수 있을 것이다. 다만, 이 과정에서 윤리적 고려 사항을 철저히 준수하고 인간적인 접근을 유지하는 것이 중요하다. 생성형 AI 에이전트와 인간 PR 전문가의 협업은 PR 실무의 새로운 패러다임을 구축할 것이며, 이를 통해 조직은 더욱 성공적인 커뮤니케이션 전략을 실현할 수 있을 것이다.

생성형 AI 에이전트 기술과 PR

생성형 AI 에이전트는 대규모 언어 모델과 기계 학습 알고리즘을 기반으로 하는 첨단 기술로, PR 분야에 큰 변화를 예고하고 있다. 이들의 주요 기술적 특성은 대규모 데이터 학습, 실시간 상호 작용, 그리고 창의적 문제 해결 능력에 있다. 대규모 데이터 학습 능력을 통해 생성형 AI 에이전트는 방대한 양의 정보를 처리하고 이해할 수 있다. 이는 공중의 다양한 요구와 흐름을 정확하게 파악하고, 그에 맞는 맞춤형 메시지를 생성할 수 있게 한다. 예를 들어, 소셜 미디어 데이터를 분석해 특정 브랜드에 대한 공중의 정서(sentiment)를 실시간으로 파악하고, 이에 대응하는 커뮤니케이션 전략을 수립할 수 있다 (Park et al., 2023).

실시간 상호 작용 능력은 PR 활동의 효율성을 크게 향상시킨다. AI 에이전트는 24시간 매일 운영되며, 공중의 질문이나 요청에 즉각적으로 응답할 수 있다. 이는 기존의 일방향적 메시지 전달 방식에서 벗어나 진정한 의미의 쌍방향 소통을 가능하게 한다. 예를 들어, AI 챗봇을 통해 기업은 고객의 문의에 실시간으로 대응하면서, 동시에 고객의 니즈와 불만 사항을 수집해 PR 전략 수립에 활용할 수 있다.

또한, 창의적 문제 해결 능력은 생성형 AI 에이전트의 가장 혁신적인 특성이다. AI는 기존 데이터를 바탕으로 새로운 연결 고리를 찾아내거나, 예상치 못한 해결책을 제안할 수 있다. 이는 PR 캠페인에 새로운 아이디어와 전략을 제시하는 데 큰 도움이 된다. 예를 들어, AI는 과거의 성공적인 캠페인 데이터를 분석해 새로운 PR 전략을 제안하거나, 현재의 트렌드를 바탕으로 독창적인 콘텐츠 아이디어를 생성할 수 있다.

이러한 기술적 특성을 바탕으로 생성형 AI 에이전트는 PR 분야에서 다양한 역할을 수행할 수 있다. 콘텐츠 생성, 데이터 분석, 미디어 모니터링, 위기 관리, 개인화된 커뮤니케이션 등 PR의 거의 모든 영역에서 AI 활용이 가능하다. 그러나 이는 인간 PR 전문가를 완전히 대체하는 것이 아니라 보완하는 역할을 한다. AI의 데이터 처리 능력과 인간의 전략적 사고 · 창의성 · 감성적 이해가 결합할 때, PR 활동의 효과는 극대화될 수 있다.

생성형 AI 에이전트와 PR 전문가 협업

생성형 AI 에이전트와 인간 PR 전문가의 협력은 PR 분야에 새로운 국면을 열어 가고 있다. 이 협업 모델은 AI의 강점과 인간의 고유한 능력을 결합해 PR 실무의 효율성과 효과성을 극대화하는 것을 목표로 한다(Kanbach et al., 2024).

AI-인간 협력 모델에서 생성형 AI 에이전트는 데이터 분석, 콘텐츠 생성, 미디어 모니터링 등의 영역에서 주도적인 역할을 수행한다. AI는 많은 양의 데이터를 빠르게 처리하고 분석해 인사이트를 도출하며, 이를 바탕으로 다양한 형태의 콘텐츠를 생성할 수 있다. 예를 들어, AI는 소셜 미디어 트렌드를 실시간으로 분석해 브랜드 관련 이슈를 파악하고, 이에 대응하는 콘텐츠를 자동으로 생성할 수 있다.

반면, 인간 PR 전문가는 창의적 전략 수립, 고차원적 의사 결정, 그리고 공중과의 감성적 소통에 집중한다. 인간은 AI가 제공하는 데이터와 인사이트를 바탕으로 전략적 방향을 설정하고, 브랜드의 가치와 메시지를 효과적으로 전달하는 역할을 담당한다. 또한, 윤리적 판단과 위기 상황에서의 섬세한 대응 등 AI가 아직 완벽히 수행하기 어려운 영역을 책임져야 한다.

AI의 보완적 역할은 PR 실무의 효율성을 크게 향상시킬 수 있다. AI는 반복적이고 시간이 많이 소요되는 작업을 신속하게 처리함으로써 인간 PR 전문가가 더 가치 있는 업무에 집중할 수 있게 한다. 예를 들어, AI가 일상적인 보도 자료 작성과 미디어 리스트 업데이트를 담당하면, PR 전문가는 전략 기획이나 이해관계자 관계 구축에 더 많은 시간을 할애할 수 있다.

지속적 학습과 개선은 AI와 인간 협업 모델의 핵심 요소다. AI는 인간 PR 전문가와의 상호 작용을 통해 지속적으로 학습하고 성능을 개선한다. 예를 들어, PR 전문가가 AI가 생성한 콘텐츠를 검토하고 수정하는 과정에서 AI는 더 나은 결과물을 생성하는 방법을 학습한다. 이러한 과정을 통해 AI는 점차 PR 전문가의 전문성과 판단력을 모방하게 되며, 결과적으로 더욱 정교하고 효과적인 도구로 발전한다. 동시에 인간 PR 전문가도 AI와의 협업을 통해 자신의 역량을 강화할 수 있다. AI가 제공하는 데이터 기반의 인사이트와 예측은 PR 전문가의 의사결정을 지원하고, 더 정확하고 효과적인 전략 수립을 가능하게 한다. 또한, AI 기술에 대한 이해와 활용 능력은 PR 전문가의 새로운 핵심 역량으로 자리 잡게 될 것이다.

그러나 이러한 협업 모델이 성공적으로 작동하기 위해서는 몇 가지 과제를 해결해야 한다. 첫째, AI 기술에 대한 PR 전문가들의 이해도를 높이는 것이 중요하다. AI의 가능성과 한계를 정확히 이해해야 효과적인 협업이 가능하다. 둘째, AI 활용에 따른 윤리적 문제에 대한 지속적인 논의와 가이드라인 수립이 필요하다. 마지막으로, AI와 인간의 역할 분담을 명확히 하고, 각자의 강점을 최대한 활용할 수 있는 업무 프로세스를 설계해야 한다.

이렇듯 생성형 AI 에이전트와 인간 PR 전문가의 협업은 PR 분야에 새로운 가능성을 열어 주고 있다. 이 모델은 AI의 효율성과 인간의 창의성, 감성적 판단력을 결합해 PR 실무의 질적 향상을 가져올 것으로 기대된다. 앞으로 PR 분야는 이러한 협업 모델을 더욱 발전시키고 최적화하는 방향으로 나아갈 것이며, 이는 PR의 미래를 새롭게 정의하게 될 것이다.

참고문헌

김송미(2023). 『인공지능 쇼핑에이전트 서비스 품질이 소비자의 컴패니언십과 지속사용의도에 미치는 영향』. 서울대학교 대학원 박사학위 논문.

Kapoor, S., et al.(2024). AI agents that matter. *arXiv preprint arXiv: 2407.01502.*

Kanbach, D. K., et al.(2024). The GenAI is out of the bottle: generative artificial intelligence from a business model innovation perspective. *Review of Managerial Science*, 18(4), pp.1189-1220.

Li, C. Y., & Zhang, J. T.(2023). Chatbots or me? Consumers' switching between human agents and conversational agents. *Journal of retailing and consumer services, 72*, 103264.

Park, J. S., et al.(2023.10). Generative agents: Interactive simulacra of human behavior. In *Proceedings of the 36th annual ACM symposium on user interface software and technology* (pp.1-22).

04
AI 저널리즘과 PR

AI 저널리즘은 데이터 처리와 자동화된 콘텐츠 생성을 통해 뉴스 생산과 소비 방식을 혁신하고 있다. PR 실무자는 AI 저널리즘의 데이터를 활용해 더욱 정교한 전략을 수립할 수 있으며, 협업을 통해 정보의 정확성과 반응 속도를 높일 수 있다. 윤리적 고려와 인간의 판단력이 여전히 중요한 역할을 한다.

AI 저널리즘 등장

AI 저널리즘은 지능형 알고리즘 기반의 뉴스 콘텐츠를 생성, 분석, 편집하는 저널리즘의 새로운 형태를 말한다. 전통적인 저널리즘과 달리 AI 저널리즘은 데이터 처리와 자동화된 콘텐츠 생성을 핵심으로 한다. 이는 주로 대규모 데이터 분석과 알고리즘 기반의 자동화 기술을 통해 이루어지며, 인간 기자의 개입 없이도 뉴스 기사를 작성하거나, 특정 사건에 대한 데이터를 분석해 인사이트를 제공할 수 있다(Broussard et al., 2019; Lewis et al., 2019; Ştefănel, 2022).

AI 저널리즘의 대표적 사례로는 뉴스 작성 자동화 시스템이 있다. 이러한 시스템은 방대한 데이터를 기반으로 주어진 템플릿에 따라 기사 내용을 자동으로 생성한다. 예를 들어, 스포츠 경기 결과, 주식 시장의 변동, 기후 변화 등의 정보를 빠르게 분석하고 이를 바탕으로 즉각적인 뉴스를 생성할 수 있다. 이러한 자동화된 기사 작성은 시간과 자원을 절약하면서도 신속한 뉴스 제공을 가능하게 해, 특히 반복적이고 정형화된 뉴스 콘텐츠에서 유용하다.

또한, AI 저널리즘은 데이터 저널리즘의 한 형태로도 발전하고 있다. 데이터 저널리즘은 방대한 데이터를 수집하고 분석해 복잡한 사회적·경제적 문제에 대한 심층적인 보도를 가능하게 한다. AI는 이러한 데이터 분석 과정에서 핵심적인 역할을 하며, 인간이 놓치기 쉬운 패턴이나 트렌드를 발견해 낸다. 이는 더욱 정확하고 깊이 있는 보도를 가능하게 하며, 독자들에게 새로운 인사이트를 제공할 수 있다.

현재 AI 저널리즘은 다양한 뉴스 기관에서 활용되고 있다. 예를 들어, AP(Associated Press)는 자동화된 기사 작성 시스템을 통해 스포츠와 금융 관련 기사를 대규모로 생산하고 있다. 이러한 시스템은 기자들이 더 창의적이고 복잡한 기사 작성에 집중할 수 있도록 해서 전반적인 생산성을 높이고 있다. 블룸버그 역시 AI를 활용한 데이터 분석을 통해 금융 시장의 복잡한 흐름을 설명하는 데 중요한 역할을 하고 있다.

AI 저널리즘은 또한 독자와의 상호 작용을 강화하는 데에도 기여하고 있다. 예를 들어, AI 기반 챗봇은 독자들의 질문에 실시간으로 답변하고, 관련 뉴스를 추천하는 등 개인 맞춤형 뉴스 제공을 가능하게 한다. 이는 독자들이 원하는 정보를 신속하게 얻을 수 있게 하며, 뉴스 소비 경험을 한층 향상시킨다. 이렇듯 AI 저널리즘은 뉴스 생산의 새로운 패러다임을 제시하며, 보도 기사 생산과 뉴스 소비 방식에 혁신을 가져오고 있다. 이는 전통적인 저널리즘의 한계를 극복하고, 보다 효율적이고 개인화된 뉴스 제공이 가능하게 한다.

AI 저널리즘이 PR에 미치는 영향

AI 저널리즘의 발전은 PR 실무에 복잡하고 다면적인 영향을 미치고 있다. AI 기반 저널리즘은 데이터 분석, 뉴스 생산과 배포 및 여론 형성에서 점점 더 중요한 역할을 담당하게 되었으며, 이는 다음과 같이 PR 실무자들에게 새로운 도전과 기회를 동시에 제공한다(Türksoy, 2022).

첫째, 콘텐츠 생성과 배포의 변화다. AI 저널리즘은 자동화된 뉴스 작성, 데이터 기반 분석 보도를 통해 대규모 콘텐츠를 빠르고 효율적으로 생성한다. 이러한 AI 저널리즘의 발전은 PR 실무에 상당한 도전을 제기하고 있다. 자동화된 뉴스 생성과 데이터 기반 분석 보도는 인간 PR 실무자의 전통적인 미디어 관계 역할을 위협하고 있기 때문이다. 이는 PR 실무자들이 AI 알고리즘이 형성하는 여론과 뉴스 흐름을 이해하고 대응하기 위한 고도화된 분석 능력을 갖출 것을 요청한다. 또한, AI가 생성한 콘텐츠와 경쟁하기 위해 PR 실무자는 더욱 창의적이고 고차원적인 커뮤니케이션 전략을 수립할 수 있는 높은 수준의 전문성과 전략적 사고를 요구한다. 결과적으로, PR 실무자는 단순한 콘텐츠 제작자에서 AI 시대의 복잡한 미디어 환경을 분석하고 대응하는 전략가로 진화해야 하는 압박에 직면하고 있다.

둘째, 미디어 환경의 변화로 인한 PR 전략의 재고다. AI 저널리즘이 발전하면서 뉴스의 생산과 소비 방식이 변화하고 있으며, PR 실무자들은 이 새로운 미디어 환경에 적응해야 한다. AI 저널리즘은 방대한 데이터를 기반으로 공중의 관심사와 행동 패턴을 분석해 맞춤형 뉴스와 정보를 제공한다. 이에 따라 PR 실무자들도 데이터 기반의 맞춤형 커뮤니케이션 전략이 필요하며, 이는 PR 활동의 정교화와 표적화를 요구한다.

셋째, 위기 관리 차원의 도전이다. AI 저널리즘은 뉴스 생산 속도를 높이고 실시간으로 여론을 형성할 수 있는 능력을 지니고 있어서, 조직의 위기 상황을 더욱 빠르고 광범위하게 확산시킬 수 있다. 이는 PR 실무자들에게 새로운 위기 관리 전략을 요구한다. AI 저널리즘이 조직의 위기를 보도하는 경우, PR 실무자들은 이 정보를 신속하게 파악하고 이에 대한 대응 전략을 즉각적으로 수립해야 한다. 이 과정에서 PR 실무자들은 AI 도구를 활용해 여론의 변화를 모니터링하고, 위기 대비와 대응 체계를 마련하고 있어야 한다.

넷째, PR과 저널리즘의 관계 재정립이다. 전통적으로 PR과 저널리즘은 상호 보완적이면서도 경쟁적인 관계에 있었다. AI 저널리즘의 등장으로 이 관계는 더욱 복잡해졌다. AI 저널리즘은 뉴스의 객관성과 정확성을 유지하면서도 PR 메시지를 더욱 엄격하게 검증하고, 때로는 비판적으로 다룰 수 있다. 이에 따라 PR 실무자들은 저널리즘과의 관계를 재정립하고, AI 저널리즘의 특성을 이해한 전략적 접근이 필요하다.

결론적으로, AI 저널리즘은 PR 분야에 새로운 도전과 기회를 동시에 제공한다. PR 실무자들은 AI 저널리즘의 발전에 맞춰 전략을 재고하고, 변화하는 미디어 환경에 효과적으로 대응할 수 있는 능력을 길러야 한다. AI 저널리즘과의 상호 작용을 통해 PR 실무는 더욱 정교하고 전략적인 방향으로 발전할 수 있을 것이다.

AI 저널리즘의 윤리적 문제와 PR의 대응

AI 저널리즘의 급속한 발전은 언론계에 혁신적 변화를 가져왔지만, 동시에 심각한 윤리적 문제를 초래하고 있다. 이러한 윤리적 도전은 PR 분야도 신중히 고려해야 할 과제를 제시한다(Dörr & Hollnbuchner, 2017; Galloway

& Swiatek, 2018).

AI 저널리즘에서 가장 큰 윤리적 쟁점 중 하나는 허위 뉴스 생성의 위험성이다. AI 기술의 발달로 인해 사실과 구분하기 어려운 허위·조작 정보가 대량으로 생성될 수 있으며, 이는 공중의 신뢰를 훼손하고 사회적 혼란을 초래할 가능성이 크다. 또한, AI 알고리즘의 편향성 문제도 심각하다. AI가 학습하는 데이터에 내재된 편견이 AI의 판단에 영향을 미쳐 특정 집단이나 관점에 불리한 보도를 초래할 수 있다.

투명성 결여 또한 중요한 문제로 지적된다. AI가 뉴스를 생성하거나 편집하는 과정이 불투명해지면서, 독자들이 정보의 출처와 신뢰성을 판단하기 어려워질 수 있다. 더불어, AI 활용으로 인해 언론인들의 일자리가 줄어들고, 그에 따른 저널리즘의 질적 하락 우려도 제기되고 있다.

이러한 윤리적 문제들에 대해 PR 전문가들은 다음과 같은 점을 고려할 필요가 있다. 첫째, AI 저널리즘의 윤리적 이슈에 대한 조직의 명확한 입장을 정립하고 이를 공중에게 투명하게 전달해야 한다. 둘째, AI 활용에 대한 조직의 가이드라인을 수립하고 이를 철저히 준수하도록 해야 한다. 셋째, AI가 생성한 콘텐츠에 대한 인간의 검증 과정을 강화해 허위 정보나 편향된 내용이 유포되지 않도록 해야 한다.

조직의 신뢰성과 평판을 유지하기 위해서는 다음과 같은 전략도 필요하다. 먼저, AI 활용의 투명성을 높이는 것이 중요하다. AI가 생성한 콘텐츠임을 명확히 표시하고, 그 과정을 공중에게 투명하게 설명해야 한다. 또한, 다양성과 포용성을 고려한 AI 시스템 구축에 힘써야 한다. 편향되지 않은 데이터로 AI를 학습시키고, 다양한 관점을 반영할 수 있도록 해야 한다.

더불어, AI 저널리스트와 PR 협업 모델을 개발하고 이를 적극적으로 홍보해야 한다. 뉴스 생산과 배포의 AI의 효율성과 PR의 윤리적 판단력을 결합함으로써, 더 신뢰할 수 있는 저널리즘 가치 실현을 보여 줘야 한다. 마지막으로, AI 뉴스 생산 콘텐츠에 관한 디지털 리터러시 향상을 위한 교육 프로그램을 공중에게 제공해, AI 생성 콘텐츠를 비판적으로 이해하고 평가할 수 있도록 지원해야 한다.

결론적으로, AI 저널리즘의 윤리적 문제는 PR 분야에 새로운 도전이자 기회를 제공한다. PR 전문가들이 이러한 문제에 선제적으로 대응하고 전략을 수립한다면, 이는 조직의 신뢰성과 평판을 강화하는 중요한 계기가 될 수 있을 것이다.

미래의 AI 저널리즘과 PR 협업 모델

AI 저널리즘과 PR의 협업은 중요한 미래 커뮤니케이션 모델로 자리 잡을 전망이다. 이 두 영역의 결합은 정보의 생산과 유통, 그리고 공중과의 소통 방식을 근본적으로 변화시킬 잠재력을 지니고 있기 때문이다(Wiesenberg et al., 2017).

AI 저널리즘은 방대한 데이터를 신속하게 분석하고 객관적인 사실을 추출하는 능력을 갖추고 있어서 PR 전문가들에게 실시간으로 정확한 정보와 트렌드를 제공할 수 있다. 예를 들어, AI가 소셜 미디어 데이터를 분석해 특정 이슈에 대한 공중의 반응을 실시간으로 파악하고, 이를 PR 전략 수립에 활용할 수 있다.

반면, PR은 이러한 데이터를 바탕으로 조직의 메시지를 효과적으로 전달하고 공중과의 관계를 구축하는 역할을 담당한다. AI가 제공하는 인사이트를 활용해 PR 전문가들은 더욱 정교하고 맞춤화된 커뮤니케이션 전략을 수립할 수 있다. 이는 단순한 정보 전달을 넘어, 공중의 니즈와 관심사에 부합하는 메시지를 전달함으로써 더욱 깊이 있는 관계 구축을 가능케 한다.

이러한 협업 모델은 다음과 같은 이점을 제공한다. 첫째, 정보의 정확성과 신뢰성이 향상된다. AI의 데이터 분석 능력과 PR의 맥락 이해 능력을 결합해 신뢰할 수 있는 정보를 생산하고 전달할 수 있다. 둘째, 반응 속도가 빨라진다. AI의 실시간 모니터링 능력을 통해 이슈나 위기 상황에 더욱 신속하게 대응할 수 있다. 셋째, 자원의 효율적 활용이 가능하다. AI가 반복적이고 시간 소모적인 작업을 담당함으로써 PR 전문가들은 더 가치 있는 전략적 업무에 집중할 수 있다.

그러나 이 협업 모델이 성공적으로 작동하기 위해서는 몇 가지 도전 과제를 해결해야 한다. 첫째, 기술에 대한 이해와 활용 능력이 필수적이다. PR 전문가들은 AI 구현 원리와 작동 방식을 이해하고 이를 효과적으로 활용할 수 있는 능력을 개발해야 한다. 둘째, 윤리적 고려 사항도 중요하다. AI 저널리즘이 생산한 정보를 PR에 활용할 때, 정보의 출처와 처리 과정을 투명하게 공개하고 개인 정보 보호 등 윤리적 문제에 주의를 기울여야 한다. 셋째, 인간의 창의성과 감성적 판단력의 중요성을 인식해야 한다. AI의 데이터 분석 능력이 아무리 뛰어나도 이를 해석하고 전략적으로 활용하는 것은 여전히 인간의 몫이어야 하기 때문이다.

나아가 미래에는 AI 저널리즘과 PR의 경계가 더욱 모호해질 것으로 예상한다. AI가 단순한 도구를 넘어 협업의 파트너로 발전함에 따라, PR 전문가의 역할도 변화할 것이다. 데이터 해석과 전략적 활용 능력, 윤리적 판단력, 그리고 AI와의 효과적인 협업 능력이 PR 전문가의 핵심 역량으로 부상할 것이다. 이러한 변화에 적응하고 새로운 기회를 창출하는 PR 전문가들이 미래 커뮤니케이션 환경을 주도할 것이다.

참고문헌

Broussard, M., et al.(2019). Artificial intelligence and journalism. *Journalism & mass communication quarterly*, *96*(3), pp.673–695.

Dörr, K. N., & Hollnbuchner, K.(2017). Ethical challenges of algorithmic journalism. *Digital journalism*, *5*(4), pp.404–419.

Galloway, C., & Swiatek, L.(2018). Public relations and artificial intelligence: It's not (just) about robots. Public Relations Review, 44(5), 734–740.

Lewis, S. C., et al.(2019). Automation, journalism, and human–machine communication: Rethinking roles and relationships of humans and machines in news. *Digital journalism*, *7*(4), pp.409–427.

Ştefănel, A. I.(2022). An ethical analysis of media's usage of Artificial Intelligence: A case-study on Associated Press.

Studia universitatis Babes-Bolyai-Ephemerides, 67(1), pp.77-86.
Türksoy, N.(2022). The future of public relations, advertising and journalism: How artificial intelligence may transform the communication profession and why society should care?. *Türkiye İletişim Araşt ı rmalar ı Dergisi, 40*(1), 394-410.
Wiesenberg, M., Zerfass, A., & Moreno, A.(2017). Big data and automation in strategic communication. *International journal of strategic communication, 11*(2), pp.95-114.

05
AI 시대의 위기 관리와 평판 관리

AI는 위기 관리와 평판 관리의 패러다임을 사후 대응에서 사전 예방으로 변화시키며, 빅데이터 분석과 실시간 모니터링을 통해 위기 징후를 조기에 포착하고 평판을 정밀하게 관리한다. 그러나 최종 판단과 윤리적 고려는 여전히 인간 PR 전문가의 몫이며, AI 협업은 필수다.

사전 예방과 AI 기반 실시간 대응으로

AI 기술의 급속한 발전은 커뮤니케이션 환경을 근본적으로 변화시키고 있으며, 특히 위기 관리와 평판 관리 분야에서 그 영향력은 더욱 두드러진다. 이러한 변화는 PR 전문가들에게 새로운 도전과 기회를 동시에 제공한다(Aladawi & Ahmad, 2023; Jeong & Park, 2023).

AI는 빅데이터 분석, 자연어 처리, 머신러닝 등을 통해 온라인상의 방대한 데이터를 실시간으로 분석해 잠재적 위기 징후를 조기에 포착하고, 조직의 평판에 영향을 미칠 수 있는 요소들을 지속적으로 모니터링한다. 이로 인해 위기 및 평판 관리의 패러다임이 사후 대응에서 사전 예방 중심으로 변화하고 있다.

빅데이터 분석을 통한 위기 징후 포착은 AI 기술의 핵심적인 기여 중 하나다. AI 알고리즘은 소셜 미디어, 뉴스 기사, 온라인 포럼 등 다양한 채널에서 발생하는 데이터를 실시간으로 수집한 뒤 특정 키워드의 언급 빈도, 감성 분석, 이슈의 확산 속도 등을 파악해 잠재적인 위기 상황을 예측할 수 있다. 예를 들어, 우유 소비 제품 등 특정 브랜드에 대한 부정적인 리뷰가 급증하거나, 회사 정책에 대한 비판적인 댓글이 빠르게 확산하는 상황을 조기에 감지할 수 있다(박노일 외, 2024a).

평판 모니터링도 AI 기술로 더욱 정교해졌다. AI는 브랜드 멘션, 고객 피드백, 언론 보도 등을 종합적으로 분석해 조직의 평판 상태를 실시간으로 평가할 수 있다. 이는 단순한 키워드 검색을 넘어, 문맥을 이해하고 감성을 분석하는 고도화된 기술을 활용한다. 이를 통해 PR 전문가들은 조직의 평판에 영향을 미치는 요인들을 더욱 정확하게 파악하고, 선제적으로 대응할 수 있다(박노일 외, 2024b).

실시간 모니터링과 위험 평가 시스템은 AI 기술의 또 다른 중요한 응용 분야다. AI는 24시간 상시 데이터를 수집 · 분석하며, 이상 징후가 감지되면 즉시 알림을 보낸다. 나아가 AI는 과거의 위기 사례와 현재 상황을 비교 분석해 위험의 심각성을 평가하고, 최적의 대응 전략을 제안할 수 있다. 이는 PR 전문가들이 신속하고 정확한 의사 결정을 내리는 데 큰 도움이 된다.

그러나 AI 기술의 활용에는 신중함이 요구된다. AI가 제공하는 데이터와 분석 결과는 합리적이고 이성적인 판단을 돕는 중요한 자료지만, 최종적인 결정과 의사 결정에는 여전히 인간 PR 전문가의 개입이 필요하다. 사회적 정서, 감성, 여론을 반영한 상황 분석과 대응에서는 여전히 PR 실무자의 역할이 필수적이다. AI는 맥락을 완벽히 이해하거나 윤리적 판단을 내리는 데 한계가 있기 때문이다. 따라서 AI 기술과 인간의 전문성을 적절히 결합하는 것이 새로운 패러다임 속에서 위기 및 평판 관리를 성공적으로 수행하는 핵심이 될 것이다(Kanbach et al., 2024).

AI 기반 위기 관리

AI 기반의 위기 대응 및 평판 관리 전략은 현대 기업과 조직이 복잡한 디지털 환경에서 효과적으로 대응하고 평판을 관리할 수 있도록 돕는 혁신적인 접근 방식이다. 이 전략은 데이터를 중심으로 한 의사 결정 지원 시스템, 맞춤형 위기 대응 메시지 생성, 온라인 평판 분석과 추세 예측, 그리고 소셜 미디어와 AI의 결합을 통해 실현된다. 이러한 전략들은 단순한 대응을 넘어, 위기 상황에서 조직이 빠르고 정확하게 대응할 수 있는 능력을 극대화한다(Zararsiz, 2024).

AI와 빅데이터 분석을 활용한 데이터 기반 의사 결정 지원 시스템은 위기 상황에서 신속하고 정확한 의사 결정을 가능하게 한다. 과거의 위기 사례, 현재의 시장 동향, 소비자 반응 등 다양한 데이터를 실시간으로 분석해 최적의 대응 전략을 제시한다. 예를 들어, 제품 리콜 상황에서 AI는 과거 유사 사례의 성공적인 대응 전략을 분석하고, 현재 상황에 맞는 최적의 해결책을 제안할 수 있다. 이를 통해 조직은 비슷한 위기 상황에서도 더욱더 일관되면서도 효과적인 대응을 할 수 있으며, 잘못된 판단으로 인한 손실을 최소화할 수 있다. AI는 또한 위기 시 발생 가능한 여러 시나리오를 예측하고, 이에 따른 다양한 대응책을 제안할 수 있어서 복잡한 상황에서도 전략적이고 체계적인 대응이 가능하다(Mardhika, 2023).

AI를 활용한 맞춤형 위기 대응 메시지 생성은 위기 상황의 특성과 대상 공중의 특성을 고려한 효과적인 커뮤니케이션을 가능하게 한다. AI는 최신 언어 모델을 활용해 상황에 적합한 톤의 맞춤형 메시지를 생성하고, 이를 다양한 채널에 맞게 최적화할 수 있다. 이는 일관성 있으면서도 각 플랫폼의 특성에 맞는 대응을 가능하게 해, 위기 상황에서의 커뮤니케이션 효과를 극대화한다(Harika et al., 2024). 예를 들어, 위기 상황에서 고객들이 주로 사용하는 소셜 미디어 플랫폼에 맞춘 메시지를 생성하거나, 고객 서비스 이메일에 포함할 적절한 문구를 자동으로 작성하는 것이 가능하다. 이러한 AI 기반 메시지는 빠르고 정확한 대응을 가능하게 하며, 잘못된 정보나 부적절한 톤으로 인한 추가적인 위기를 방지하는 데 큰 역할을 한다.

온라인 평판 분석 및 트렌드 예측은 AI의 자연어 처리 기술과 감성 분석을 활용해 기업이나 브랜드에 대한 온라인 여론을 실시간으로 모니터링하고 분석한다. 이를 통해 잠재적인 위기를 조기에 감지하고, 평판에 영향을 미칠 수 있는 이슈들을 선제적으로 관리할 수 있다. 예를 들어, 소셜 미디어에서 특정 제품이나 서비스에 대한 부정적인 언급이 증가할 때, AI는 이를 신속하게 감지하고 PR팀에 경고를 보내 적절한 대응을 할 수 있도록 돕는다. 또한, AI는 과거 데이터를 기반으로 미래의 평판 트렌드를 예측해 장기적인 평판 관리 전략 수립에 중요한 인사이트를 제공한다. 이는 조직이 단기적인 대응을 넘어 장기적인 평판 관리를 위한 전략을 세우는 데 중요한 역할을 한다.

소셜 미디어와 AI의 결합은 위기 확산 메커니즘 분석과 효과적 대응에 중요한 역할을 한다(Perakakis et al., 2019). AI는 소셜 미디어상의 정보 흐름과 영향력 있는 계정들을 식별해 위기의 확산 경로를 예측할 수 있다. 이를 통해 위기 대응 팀은 전략적으로 중요한 지점에 집중해 효과적으로 대응할 수 있다. 예를 들어, 특정 인플루언서가 부정적 의견을 퍼뜨릴 가능성이 높다면, AI는 이를 사전에 파악해 해당 인플루언서와의 관계 개선이나 대화 시도를 제안할 수 있다. 또한, AI 챗봇을 활용한 실시간 대응으로 대규모 문의나 불만에 신속하게 대처할 수 있다. 이는 대규모 위기 상황에서도 일관된 메시지를 전달하고, 고객의 불만을 신속하게 해결함으로써 추가적인 불만 확산을 방지하는 데 도움이 된다.

이러한 AI 기반 전략들은 위기 대응과 평판 관리의 효율성과 효과성을 크게 제고할 수 있다. 그러나 이 과정에서 AI의 판단에만 전적으로 의존하는 것은 위험할 수 있다. AI는 데이터를 기반으로 한 분석과 PR 실무의 사전 대응 정교화를 기대할 수 있지만, 역으로 언론사 또한 AI 저널리즘을 통해 실시간 뉴스 생산과 배포를 할 수 있고, 공중 또한 AI 에이전트로 무장한 지능형 커뮤니케이션을 할 수 있기 때문이다. 결국, 인간 가치 중심의 알맹이가 있는 본질적 커뮤니케이션만이 생존할 것이다. 따라서 AI의 분석과 제안을 기반으로 하되, 최종적인 의사 결정과 실행에는 인간 PR 전문가의 사회적 감수성과 정서를 반영할 수 있어야 하며 궁극적으로 인간 사회에 기여할 수 있는 윤리적 판단이 반드시 수반되어야 한다. 또한, AI 시스템의 편향성과 오류 가능성에 대한 지속적인 모니터링과 개선이 필요하다. 이를 통해 AI와 인간이 함께하는 위기 대응 및 평판 관리 전략은 더욱 강력하고 신뢰할 수 있는 방패가 될 것이다.

인간과 AI의 조화: 윤리와 책임의 균형

AI 기술의 발전으로 위기 관리와 평판 관리 분야에서 AI의 활용이 급증하면서, 이와 관련된 윤리적 문제와 인간 PR 전문가의 역할에 대한 논의가 점점 더 중요해지고 있다. AI 활용에서 가장 중요한 윤리적 고려 사항으로는 데이터 프라이버시 보호, 알고리즘의 편향성 문제, 그리고 AI 의사 결정의 투명성 확보 등이 있다. 이러한 문제들을 해결하기 위해서는 AI 시스템의 설계 단계부터 윤리적 가이드라인을 철저히 수립하고, 설명 가능한 AI의 의사 결정 과정을 만드는 것이 필요하다(James, 2024).

특히, 투명성과 책임성을 확보하기 위해서는 AI 활용 내역을 공공에 공개하고, AI 기반 의사 결정 프로세스에는 반드시 인간 전문가의 검토 과정을 포함하는 것이 필요하다. 또한, AI 시스템의 오류나 편향으로 인한 문제 발생 시 책임 소재를 명확히 하기 위한 법적·제도적 장치도 마련되어야 한다. AI의 한계를 인식하고, 인간 PR 전문가의 역할을 재정립하는 것 역시 중요하다. AI는 데이터 처리와 패턴 인식에서 뛰어난 성능을 보이지만, 맥락의 이해, 창의적 문제 해결, 윤리적 판단 등에서는 여전히 한계가 존재한다. 따라서 인간 PR 전문가는 AI의 분석 결과를 해석하고, 이를 바탕으로 전략적 의사 결정을 내리는 핵심적인 역할을 수행해야 한다.

효과적인 AI-인간 협업을 위해 PR 전문가들은 데이터 리터러시와 AI 기술에 대한 이해, 그리고 윤리적 의사 결정 능력 등 새로운 역량을 개발해야 한다. 이러한 역량은 AI와 인간이 협력해 위기와 평판 관리를 보다 정교하고 선제적으로 수행할 수 있는 기반을 제공할 것이다. 결국, AI 시대의 위기 관리와 평판 관리는 기술적 발전과 윤리적 고려, 그리고 인간의 고유한 역할이 조화롭게 결합한 형태로 진화할 것이다. PR 전문가들은 이러한 변화에 적응하며 새로운 역량을 개발함으로써 AI 시대에도 중요한 역할을 지속할 수 있을 것이다.

참고문헌

박노일 외(2024a). 우유 소비 관련 긍·부정 뉴스 토픽 식별: 생성형 AI를 활용한 최근 5년간 뉴스 기사 분석을 중심으로. ≪헬스커뮤니케이션연구≫, 23(2), 29-60쪽.

박노일 외(2024b). 부정적 ESG 뉴스 보도와 기업 가치 변동: 생성형 AI 활용 뉴스 빅데이터 분석을 중심으로. ≪한국방송학보≫, 38(4), 77-118쪽.

Aladawi, A. S. A. R., & Ahmad, A. N. A.(2023). A study of factors influencing the adoption of artificial intelligence in crisis management. *International journal of sustainable.*

Harika, A., et al.(2024.5). Harnessing the power of artificial intelligence for disaster response and crisis management. In *2024 International Conference on Communication, Computer Sciences and Engineering* (IC3SE)(pp.1237-1243). IEEE.*construction engineering and technology, 14*(5), pp.416-425.

James, M.(2024). The ethical and legal implications of using big data and artificial intelligence for public relations campaigns in the United States. *International journal of communication and public relation, 9*(1), pp.38-52.

Jeong, J., & Park, N.(2023). Examining the influence of artificial intelligence on public relations: Insights from the Organization-Situation-Public-Communication (OSPC) Model. *Asia-Pacific journal of convergent research interchange, 9*(7), pp.485-495.

Kanbach, D. K., et al.(2024). The GenAI is out of the bottle: generative artificial intelligence from a business model innovation perspective. *Review of Managerial Science,* 18(4), pp.1189-1220.

Mardhika, H.(2023). How the introduction of AI (media monitoring) tools affects the field of public relations. *Jurnal Manajemen Bisnis, 10*(2), pp.555-569.

Perakakis, E., et al.(2019). Social media monitoring: An innovative intelligent approach. *Designs, 24*(2), pp.1-12. https://doi.org/10.3390/designs3020024

Zararsiz, Ö. F.(2024). Artificial intelligence in public relations:

Potential benefits and drawbacks. *Yeni Medya, 16*, pp.354–368.

06
AI 기술과 PR 커뮤니케이션 고도화

AI 기술은 PR 커뮤니케이션의 자동화, 정밀화, 가속화를 가져왔다. 실시간 모니터링, 데이터 분석을 통한 인사이트 도출, 초개인화된 전략 수립 등이 가능해졌다. 이는 PR의 효과성을 제고하지만, 윤리적 고려 사항과 인간 전문가의 역할 또한 여전히 필요하다.

PR 커뮤니케이션: 분석에서 전략까지

AI 기술은 PR 커뮤니케이션에 세밀한 집행 가능성을 높이고 있다. AI 기반의 데이터 수집 자동화와 맞춤형 인사이트 도출, 그리고 효과를 가속하는 혁신은 PR 실무자들에게 새로운 도구와 방법론 그리고 효과적이고 정교한 커뮤니케이션 전략 수립 기회를 제공한다(Ardila, 2020; Kumar et al., 2023).

AI 기술이 PR 커뮤니케이션에 미치는 영향은 광범위하다. 우선, AI는 방대한 데이터를 신속하게 분석해 의미 있는 인사이트를 도출할 수 있다. 이는 공중의 니즈와 트렌드를 더 정확히 파악하고 이에 기반한 전략을 수립할 수 있게 한다. 또한, AI는 실시간으로 미디어 환경을 모니터링하고 분석할 수 있어 시의적절한 대응이 가능해진다(Mardhika, 2023).

빅데이터 기반의 인사이트와 전략 수립은 AI 기반 PR 커뮤니케이션의 핵심이다. AI는 소셜 미디어 데이터, 뉴스 기사, 고객 피드백 등 다양한 출처의 대용량 데이터를 종합적으로 분석해 공중의 성향, 선호도, 행동 패턴을 파악할 수 있다. 이러한 분석 능력과 인사이트를 효과적으로 활용하면 PR 실무자들은 정교한 공중 세분화와 각 세그먼트별 맞춤형 전략 수립이 가능해진다.

예를 들어, AI는 특정 이슈에 대한 공중의 반응을 실시간으로 분석해 어떤 메시지가 가장 효과적으로 받아들여지는지 예측할 수 있다. 이는 PR 캠페인의 성공 가능성을 높이고, 리소스를 효율적으로 활용할 수 있게 한다.

AI를 활용한 콘텐츠 생성 및 최적화로 PR 커뮤니케이션의 효율성은 크게 향상한다. 자연어 처리 기술을 기반으로 한 AI 시스템은 보도 자료, 소셜 미디어 포스트, 뉴스레터 등 다양한 형태의 콘텐츠를 자동으로 생성할 수 있다. 이는 단순히 시간을 절약하는 것을 넘어, 데이터에 기반한 최적화된 콘텐츠를 만들어 낼 수 있다는 점에서 의미가 있다.

더불어 AI는 생성된 콘텐츠의 성과를 예측하고 최적화하는 데도 활용된다. 예를 들어, 헤드라인 최적화 AI는 수많은 변형을 테스트해 가장 높은 클릭률을 얻을 수 있는 제목을 제안한다. 또한, 콘텐츠의 톤, 길이, 키워드 사용 등을 분석해 목표 공중에게 가장 효과적으로 전달될 수 있는 형태로 최적화한다.

그러나 AI 기술의 활용에는 주의가 필요하다. AI가 생성한 콘텐츠가 브랜드의 톤앤매너와 일치하는지, 윤리적 기준을 충족하는지 등을 확인하는 인간의 감수 과정이 필수적이다. 또한, AI의 분석과 예측에만 의존하지 않고, PR 전문가의 경험과 통찰력을 결합해 균형 잡힌 접근을 해야 한다.

결론적으로, AI 기반 PR 커뮤니케이션은 데이터에 기반한 정확한 인사이트, 효율적인 콘텐츠 생성 및 최적화, 그리고 정교한 전략 수립을 가능케 한다. 이는 PR 실무의 효과성과 효율성을 크게 제고하며, 조직 관리 기능으로서 PR의 위상과 역할을 더욱 공고히 할 것이다. PR 전문가들은 이러한 AI 기술을 적극적으로 활용하면서도 인간만이 가질 수 있는 창의성과 전략적 사고를 결합해 더욱 혁신적인 PR 커뮤니케이션을 실현해 나가야 할 것이다.

초개인화 커뮤니케이션 전략까지

AI는 PR 분야에서 초개인화 커뮤니케이션 전략을 가능하게 해 커뮤니케이션의 효과성을 크게 향상시키고 있다. 이러한 변화는 공중 세분화와 타깃팅, 실시간 맞춤형 메시지 생성 및 전달, 예측 분석을 통한 캠페인 최적화 등에서 두드러진다(Upadhyaya, 2024).

AI를 활용한 공중 세분화와 타깃팅은 기존의 인구 통계학적 접근을 넘어서 더욱 정교하고 다차원적인 분석을 가능케 한다. AI 알고리즘은 온라인 행동 패턴, 소비

성향, 관심사, 가치관 등 다양한 데이터를 종합적으로 분석해 공중을 세분화할 수 있다. 이를 통해 PR 전문가들은 각 세부 공중 구성원의 특성을 심층적으로 이해하고, 그에 맞는 초개인화된 전략을 수립할 수 있다. 예를 들어, 환경 이슈에 높은 관심을 보이는 개개인을 식별하고, 이들에게 기업의 환경 보호 활동이나 친환경 정책에 대한 맞춤형 메시지를 전달함으로써 효과적인 커뮤니케이션을 실현할 수 있다.

실시간 맞춤형 메시지 생성과 전달은 AI의 자연어 처리 기술과 기계 학습을 활용해 이루어진다. AI는 각 개인의 선호도, 과거 상호 작용 기록, 현재의 맥락을 고려해 최적화된 메시지를 실시간으로 생성할 수 있다. 이는 이메일 마케팅, 소셜 미디어 커뮤니케이션, 웹사이트 콘텐츠 등 다양한 채널에서 활용된다. 예를 들어, AI 챗봇은 이용자의 질문이나 관심사에 따라 맞춤형 응답을 제공해 더욱 개인화된 경험을 제공할 수 있다(Jain & Aggarwal, 2020).

예측 분석을 통한 캠페인 최적화는 AI의 데이터 분석 능력을 활용해 캠페인의 성과를 예측하고 전략을 조정하는 과정이다. AI는 과거 캠페인 데이터, 시장 트렌드, 공중의 반응 패턴 등을 분석해 특정 캠페인의 잠재적 성과를 예측할 수 있다. 이를 통해 PR 전문가들은 캠페인 전략을 사전에 조정하고, 리소스를 효율적으로 분배할 수 있다. 또한, AI는 A/B 테스팅을 자동화해 다양한 메시지와 크리에이티브 효과를 실시간으로 비교 · 분석할 수 있다.

AI 기반의 초개인화 PR 전략은 몇 가지 중요한 이점을 제공한다. 첫째, 커뮤니케이션의 관련성과 효과성이 크게 향상된다. 개인화된 메시지는 수신자의 관심사와 니즈에 부합하므로 높은 참여도와 반응을 이끌어 낼 수 있다. 둘째, 리소스의 효율적 활용이 가능해진다. 정확한 타깃팅과 예측 분석을 통해 가장 효과적인 전략에 집중할 수 있기 때문이다. 셋째, 실시간 대응과 조정이 가능해져 더욱 유연하고 민첩한 PR 활동을 펼칠 수 있다.

그러나 이러한 접근에는 몇 가지 주의할 점도 있다. 개인 정보 보호와 데이터 윤리에 각별한 주의를 기울여야 하며, AI의 판단에만 전적으로 의존하지 않고 인간의 통찰력과 창의성을 결합하는 것이 중요하다. 또한, 지나친 개인화가 오히려 공중의 피로도를 높일 수 있다는 점도 유의해야 한다.

AI 기반 미디어 모니터링

AI 기반 미디어 모니터링과 분석은 현대 PR 커뮤니케이션의 필수적인 도구로 자리 잡았다. 이 기술은 실시간 미디어 트렌드 분석, 소셜 미디어 감성 분석 및 여론 추적, 영향력 있는 인플루언서 식별과 관계 관리 등을 가능케 하며, PR의 효과성을 크게 향상시킨다(Sumandiyar et al., 2023).

실시간 미디어 트렌드 분석은 AI 알고리즘을 활용해 다양한 온라인 채널의 대량 데이터를 실시간으로 수집하고 분석한다. PR 전문가들은 이를 통해 특정 주제나 브랜드 관련 언급량, 키워드 빈도, 이슈 확산 속도 등을 즉각 파악할 수 있다.

소셜 미디어 감성 분석과 여론 추적은 자연어 처리 기술을 사용해 텍스트의 감정적 톤과 의견을 분석한다. AI는 긍정적, 부정적, 중립적 표현을 식별하고 전체적인 여론의 방향을 파악한다. 이를 통해 PR 전문가들은 브랜드나 캠페인에 대한 공중의 반응을 정확히 이해하고 전략을 조정할 수 있다.

영향력 있는 인플루언서 식별 및 관계 관리는 소셜 네트워크 분석과 AI 알고리즘을 결합해 수행할 수 있다. 이 기술은 특정 분야의 영향력 있는 개인이나 그룹을 식별하고, 그들의 영향력 정도, 참여율, 팔로워 특성 등을 분석한다. PR 전문가들은 이 정보를 바탕으로 효과적인 인플루언서 마케팅 전략을 수립할 수 있다.

AI 기반 미디어 모니터링과 분석의 주요 장점은 다음과 같다. 첫째, 실시간 대응 능력이다. AI는 대량의 데이터를 실시간으로 분석해 빠르게 변화하는 상황에 신속한 대응을 가능케 한다. 둘째, 정확한 감성 분석이다. AI는 텍스트의 미묘한 감정적 뉘앙스까지 파악해 인간보다 정확한 분석을 제공할 수 있다. 셋째, 트렌드 예측이다. 과거 데이터 학습을 통해 미래 방향을 예측해 선제적 대응 전략 수립에 도움을 준다. 넷째, 작업 자동화다. 반복적인 모니터링 작업을 자동화해 PR 전문가들이 더 창의적이고 전략적인 업무에 집중할 수 있게 한다. 이처럼 AI 기반 미디어 모니터링과 분석은 PR 전문가들이 더욱 신속하고 정확하게 공중과의 소통을 관리하고, 변화하는 미디어 환경에서 효과적인 커뮤니케이션 전략을 수립하는 데 중요한 역할을 한다.

AI와 PR의 시너지: 기술과 창의성의 조화

AI 기술과 PR 전문가의 협업 모델은 AI의 강점과 인간의 창의성, 전문성을 결합해 PR 커뮤니케이션의 효과를 극대화하는 것을 목표로 한다. 이 모델이 성공적으로 작동하기 위해서는 PR 전문가들이 새로운 역량을 개발하고, AI의 한계를 인식하며, 윤리적 고려 사항을 균형 있게 다루는 것이 필수적이다(김활빈 외, 2024; Kanbach et al., 2024).

PR 전문가들이 갖추어야 할 핵심 역량 중 하나는 AI 리터러시다. 이는 빅데이터 기반의 AI 저널리즘을 이해하고 활용할 수 있는 능력을 포함한다. AI 리터러시는 PR 실무에서 AI 기반 메시지의 생산, 배포, 효과 분석 결과를 정확히 해석하고 전략적으로 활용하는 데 필수적이다. 또한, AI 프로그래밍에 대한 기본적인 이해가 중요하다. PR 전문가들은 머신러닝, 자연어 처리 등 AI의 핵심 기술과 그 적용 방식을 숙지해 AI 도구를 효과적으로 활용할 수 있어야 한다. 마지막으로, 전략적 사고 능력이 더욱 중요해진다. AI가 제공하는 데이터와 인사이트를 바탕으로 창의적이고 효과적인 PR 전략을 수립하는 능력이 PR 전문가들에게 요구된다.

또한, AI의 한계를 분명히 할 필요도 있다. 이는 인간 PR 전문가의 고유 역할을 더욱 중요하게 만든다. AI는 데이터 기반의 분석과 예측에 뛰어나지만, 맥락 이해, 감정적 공감, 윤리적 판단에서는 한계를 보인다. 따라서

PR 전문가는 AI의 분석 결과를 해석하고, 이를 바탕으로 창의적이고 전략적인 의사 결정을 내리는 역할을 맡아야 한다. 특히 위기 상황에서의 섬세한 대응, 복잡한 이해관계 조정, 브랜드의 정체성과 가치를 반영한 커뮤니케이션 등은 여전히 인간 PR 전문가의 역할이 필요하다.

윤리적 고려 사항과 AI 활용의 균형도 중요한 과제다. AI를 활용한 PR 활동에서 가장 큰 윤리적 문제는 프라이버시 침해와 데이터 오용의 위험이다. PR 전문가들은 개인 정보 보호 법규를 철저히 준수하고, 데이터 수집 및 활용 과정의 투명성을 확보해야 한다. 또한, AI 알고리즘의 편향성 문제도 고려해야 한다. AI가 제공하는 분석 결과나 추천 전략이 특정 집단에 불리하거나 편향되지 않도록 주의해야 한다. 아울러 AI 활용의 투명성도 중요한 고려 사항이다. PR 활동에서 AI를 활용할 때는 이를 명확히 공개하고, 필요한 경우 AI의 의사 결정 과정을 설명할 수 있어야 한다. 이는 공중의 신뢰를 유지하고, AI 활용에 대한 잠재적 우려를 해소하는 데 도움이 된다.

참고문헌

김활빈 외(2024). AI 시대 PR 실무자들의 역할과 AI 기술 활용에 관한 연구. ≪PR 연구≫, 28(1), 207-239쪽.

Ardila, M. M.(2020). The rise of intelligent machines: How artificial intelligence is transforming the public relations industry. *Unpublished master thesis, University of Southern California.*

Jabbar, A., et al.(2020). Real-time big data processing for instantaneous marketing decisions: A problematization approach. *Industrial marketing management, 90,* pp.558-569.

Jain, P., & Aggarwal, K.(2020). Transforming marketing with artificial intelligence. International Research Journal of Engineering and Technology, 7(7), 3964-3976.

Jeong, J., & Park, N.(2023). Examining the influence of artificial intelligence on public relations: Insights from the Organization-Situation-Public-Communication (OSPC) Model. *Asia-Pacific journal of convergent research interchange, 9*(7), pp.485-495.

Kanbach, D. K., et al.(2024). The GenAI is out of the bottle: generative artificial intelligence from a business model innovation perspective. *Review of Managerial Science,* 18(4), pp.1189-1220.

Kumar, A., et al.(2023). Artificial intelligence and its impact on public relations strategies. *Asian and Pacific economic review, 16*(1), pp.1400-1407.

Mardhika, H.(2023). How the introduction of AI (media monitoring) tools affects the field of public relations. *Jurnal Manajemen Bisnis, 10*(2), pp.555-569.

Sumandiyar, A., et al.(2023). Influencer relations: The new paradigm of public relations. *Jurnal Studi Komunikasi, 7*(2), pp.401-416.

Upadhyaya, M.(2024). The role of artificial intelligence in personalized marketing. *Educational administration: Theory and practice*, *30*(6), pp.2388-2397.

07
메타버스·휴머노이드 AI 기술과 PR

메타버스와 휴머노이드 AI 기술은 PR 커뮤니케이션의 선도적인 매체로 떠오르고 있다. 새로운 소통 방식과 몰입형 경험을 통해 PR 효과를 획기적으로 높일 수 있는 잠재력을 지닌다. 그러나 프라이버시 침해, 윤리적 딜레마 등 새로운 과제도 있다. PR 실무는 첨단 AI 기술을 적극적으로 수용하면서도, 그에 따른 위험을 신중하게 관리해야 할 필요가 있다.

가상과 현실 그리고 AI의 융합

메타버스와 휴머노이드 AI 기술이 빠르게 진화하고 있다. 메타버스는 현실과 가상이 융합된 3차원의 가상 세계로, 이용자들이 아바타를 통해 상호 작용하고 경제 활동까지도 수행할 수 있는 플랫폼이다. 이 공간에서 브랜드는 새로운 방식으로 공중과 소통할 수 있으며, 몰입형 경험을 제공함으로써 PR 활동의 효과를 극대화할 수 있다. 휴머노이드 AI는 인간과 유사한 외형과 행동을 가진 로봇으로, 자연스러운 의사소통과 작업 수행이 가능하다(박노일 외, 2022; Ham et al., 2023).

이 기술들은 PR 실무에서의 많은 업무를 보조하거나 대체할 수 있는 잠재력을 지니고 있다. 메타버스는 기존의 2D 디지털 환경을 넘어 브랜드와 공중이 만나는 새로운 접점을 제공하며, PR 캠페인의 형태와 전달 방식을 완전히 새롭게 재정의하고 있다. 예를 들어, 가상 제품 론칭 이벤트, 3D 가상 전시회, 메타버스 내 브랜드 체험관 등이 새로운 PR 활동의 장으로 떠오르고 있다. 이러한 몰입형 경험은 브랜드 메시지를 더욱 효과적으로 전달하고, 공중과의 감정적 연결을 강화하는 데 중요한 역할을 한다(Kang & Ki, 2024).

휴머노이드 AI 역시 PR에 새로운 가능성을 열어 준다.

24시간 상시 고객 응대, 맞춤형 PR 메시지 전달, 위기 상황에서의 초기 대응 등 다양한 PR 업무를 자동화하거나 보조하는 역할을 수행할 수 있다. 이는 PR 실무자들이 더 전략적이고 창의적인 업무에 집중할 기회를 제공한다. 예를 들어, AI가 단순하고 반복적인 업무를 처리하는 동안 PR 전문가들은 고차원적인 커뮤니케이션 전략 수립에 집중할 수 있다(Swiatek et al., 2024).

이러한 기술의 발전은 PR 실무자들에게 다음과 같은 새로운 기회를 제공한다. 첫째, 메타버스를 통해 공중과의 상호 작용을 더욱 깊고 의미 있게 만들 수 있다. 몰입형 경험은 브랜드와 공중 사이의 감정적 연결을 강화하며, 이는 장기적인 브랜드 충성도로 이어질 수 있다. 둘째, 데이터 기반의 정교한 PR 전략 수립이 가능해진다. 메타버스와 AI 기술은 공중의 행동과 선호도에 대한 상세한 데이터를 제공하며, 이를 통해 초개인화된 커뮤니케이션이 가능해진다. 셋째, 글로벌 PR 활동의 효율성이 크게 향상된다. 메타버스는 물리적 거리를 제거하고, AI는 언어 장벽을 극복하는 데 도움을 준다. 이는 글로벌 캠페인을 더욱 효율적이고 효과적으로 실행할 수 있는 기반을 마련해 준다.

그러나 이러한 기술의 도입에는 몇 가지 위험 요소와

도전 과제도 존재한다. 가장 큰 우려는 프라이버시와 데이터 보안 문제다. 메타버스 활동은 개인 정보가 더욱 세밀하게 수집될 수밖에 없으며, 이 데이터를 어떻게 안전하게 관리하고 보호할 것인지가 중요한 이슈로 떠오른다. 또한, 기술에 대한 과도한 의존은 PR의 본질적 요소인 인간적 관계 구축을 약화시킬 수 있다. 자동화된 시스템이 인간적 감성과 직관을 대체하지 않도록 주의해야 한다. 마지막으로, 디지털 격차로 인한 불평등 문제도 간과할 수 없다. 새로운 기술에 접근할 수 없는 공중을 소외시키지 않는 포용적인 PR 전략이 필요하다(정지연 · 박노일, 2023).

메타버스에서 브랜드 확장: PR의 도전

메타버스 환경에서의 PR 전략과 실행은 기존의 PR 활동을 새로운 차원으로 확장시킨다. 가상 공간에서의 브랜드 구축과 관리, 메타버스 이벤트 및 캠페인 기획, 가상 인플루언서와의 협업 전략 등이 주요 요소로 부각되고 있다(Tom Dieck & Han, 2022).

브랜드 구축과 관리는 메타버스의 고유한 특성을 최대한 활용해야 한다. 메타버스에서 브랜드는 단순한 로고나 이미지를 넘어, 이용자들이 직접 경험하고 상호 작용할 수 있는 가상 공간으로 구현된다. 예를 들어, 가상 매장을 통해 이용자는 제품을 3D로 체험하거나, 브랜드 세계관을 반영한 가상 공간에서 몰입감 있는 경험을 할 수 있다. 이러한 환경에서의 브랜드 관리는 지속적인 업데이트, 이용자 피드백 반영, 실시간 모니터링을 통해 이루어져야 하며, 이용자와의 상호 작용이 핵심적인 역할을 한다.

메타버스 이벤트 및 캠페인 기획은 물리적 제약을 넘어 창의적이고 혁신적인 접근이 가능하다. 가상 콘서트, 제품 론칭 쇼, 팬 미팅 등 다양한 형태의 이벤트를 개최할 수 있으며, 전 세계 이용자들이 동시에 참여할 수 있는 장점이 있다. 캠페인에서는 이용자 참여형 콘텐츠 제작, 가상 세계에서의 미션 수행 등 게이미피케이션 요소를 활용한 전략이 효과적이다. 이를 통해 이용자는 브랜드와의 상호 작용을 즐기면서 자연스럽게 브랜드 메시지를 수용하게 된다.

가상 인플루언서와의 협업은 메타버스 PR의 새로운 트렌드로 자리 잡고 있다. 가상 인플루언서는 현실 세계의 제약에서 벗어나며, 일관성 있게 브랜드 메시지를 전달할 수 있다. 이들과의 협업을 통해 브랜드는 메타버스 내에서 더욱 자연스럽고 효과적으로 자사의 메시지를 전달할 수 있다. 예를 들어, 가상 인플루언서가 브랜드의 가상 매장을 방문하거나 제품을 사용하는 모습을 보여 주는 등의 콘텐츠를 제작함으로써 메타버스 내 이용자와의 친밀한 관계를 형성할 수 있다(Allal-Chérif et al., 2024).

그러나 메타버스 환경에서의 PR 전략 실행에는 몇 가지 주의점이 있다. 첫째, 이용자 경험을 최우선으로 고려해야 한다. 단순히 브랜드를 노출시키는 것을 넘어, 이용자에게 진정한 가치를 제공하는 경험을 만들어야 한다. 둘째, 현실 세계와의 연계성을 유지해야 한다. 메타버스 활동이 실제 브랜드 이미지와 일치해야 하며, 가상과 현실 사이의 괴리를 줄이는 것이 중요하다. 셋째, 기술적 한계와 접근성 문제를 고려해야 한다. 모든 타깃 공중이 메타버스에 쉽게 접근할 수 있는 것은 아니므로, 기존 PR 채널과의 병행이 필요하다.

메타버스 환경에서의 PR 전략과 실행은 무한한 가능성을 제공하지만, 동시에 새로운 도전 과제도 제시한다. PR 전문가들은 새로운 환경에 적응하면서도, PR의 본질인 관계 구축과 커뮤니케이션의 가치를 잃지 않도록 주의해야 한다. 메타버스는 PR의 새로운 플랫폼으로 자리 잡고 있으며, 이를 효과적으로 활용하는 능력이 앞으로의 PR 성공을 좌우할 중요한 요소가 될 것이다.

휴머노이드 AI와 인간: PR의 미래

휴머노이드 AI를 활용한 PR 활동은 커뮤니케이션의 새로운 지평을 열고 있으며, AI 기술이 PR에 도입되면서 혁신적인 변화를 가져오고 있다. 특히 AI 대변인, 가상 인격체, 그리고 고객 서비스 및 위기 관리 영역에서 그 잠재력이 두드러진다(Swiatek et al., 2024)..

AI 대변인과 가상 인격체는 PR 활동에 독특한 차원을 추가한다. 이들은 24시간 내내 가용성이 있으며, 일관된 메시지 전달과 다국어 소통 능력을 제공해 글로벌 커뮤니케이션에서 큰 강점을 발휘한다. 예를 들어, AI 대변인은 기업의 공식 입장을 동시에 여러 언어로 발표하거나, 복잡한 기술 정보를 쉽게 설명할 수 있다. 가상 인플루언서는 브랜드 이미지와 완벽하게 일치하는 페르소나를 구축할 수 있어, 효과적인 브랜드 커뮤니케이션 도구로써 활용된다. 이러한 기술은 일관성 있는 메시지 전달과 글로벌 확장성에서 중요한 역할을 한다.

그러나 이러한 AI 기반 인격체의 활용에는 주의가 필요하다. 공중이 이들과 상호 작용할 때 AI임을 명확히 인지할 수 있도록 해야 하며, 윤리적 가이드라인을 철저히 준수해야 한다. 특히, 공중이 AI와 인간을 혼동하지 않도록 명확한 구분이 필요하며, AI의 결정이 공중의 신뢰를 유지할 수 있도록 투명한 운영이 요구된다. 또한, 인간적 감성과 공감 능력이 필요한 상황에서는 여전히 인간 PR 전문가의 개입이 필수적이다. 이는 공중과의 신뢰 관계를 유지하고, 공감 기반을 커뮤니케이션할 수 있게 한다.

휴머노이드 AI와 인간 PR 전문가의 협업 모델은 각자의 강점을 결합해 시너지를 창출한다. AI는 방대한 데이터를 분석하고, 반복적 작업을 자동화하며, 실시간 대응을 통해 효율성을 극대화한다. 반면, 인간 PR 전문가는 전략 수립, 창의적 기획, 복잡한 상황 판단 등을 통해 AI가 제공하는 데이터를 바탕으로 전략적 의사 결정을 내린다. 예를 들어, AI가 소셜 미디어 트렌드를 실시간으로 분석해 보고하면, PR 전문가는 이를 바탕으로 공중에게 적합한 메시지를 설계하고 실행할 수 있다. 이러한 협업은 효율성과 창의성을 결합해 PR 활동의 효과를 극대화한다.

이러한 협업 모델이 성공적으로 작동하기 위해서는 PR 전문가들의 새로운 역량 개발이 필수적이다. AI 기술에 대한 이해, 데이터 해석 능력, 그리고 AI와의 효과적인 협업 스킬 등이 중요해질 것이다. 또한, 인간만이 가질 수 있는 창의성, 감성 지능, 윤리적 판단력 등의 역량도 더욱 강조되어야 한다. 이는 PR 활동에서 인간이 수행할 수 있는 독창적이고 전략적인 역할을 더욱 강화하는 데 필수적이다.

휴머노이드 AI를 통한 고객 서비스 및 위기 관리는 PR 활동의 효율성과 효과성을 크게 향상시킨다. AI 챗봇이나 가상 비서는 24시간 고객 문의에 즉각적으로 대응할 수 있으며, 개인화된 정보를 제공해 고객의 요구를 충족시킨다. 위기 상황에서는 AI가 실시간으로 상황을 모니터링하고, 초기 대응을 수행할 수 있다. 예를 들어, 소셜 미디어에서 발생하는 부정적 여론을 감지하고 즉각적인 대응 메시지를 생성할 수 있다. 이러한 초기 대응은 위기 확산을 방지하고 조직의 평판을 보호하는 데 중요한 역할을 한다.

그러나 복잡하거나 감성적인 상황에서는 여전히 인간의 개입이 필요하다. AI는 초기 대응과 정보 제공을 담당하고, 필요하면 인간 전문가에게 상황을 이관하는 방식의 하이브리드 모델이 효과적일 수 있다. 이는 기술과 인간의 협력이 결합된 모델로, 더 완전한 위기 관리가 가능하다.

결론적으로, 휴머노이드 AI를 활용한 PR 활동은 인간미를 가미한 전략적인 AI 커뮤니케이션 효율성과 효과성을 크게 향상시킬 수 있는 잠재력을 가지고 있다. 그러나 이는 기술과 인간의 균형 잡힌 협력을 전제로 한다. PR 전문가들은 이러한 기술의 장점을 최대한 활용하면서도, 인간만이 제공할 수 있는 가치를 지속해서 개발해 나가야 할 것이다. 또한, 기술 활용에 따른 윤리적 문제와 공중의 신뢰 유지에 대해서도 지속적인 고민과 노력이 필요할 것이다.

AI 기술과 윤리적 책임: PR의 딜레마

메타버스와 휴머노이드 AI 기술의 PR 분야 활용은 혁신적인 기회를 제공하는 동시에 복잡한 윤리적 문제를 제기한다. 특히 개인의 프라이버시와 데이터 보안이 가장 큰 이슈로 떠오르고 있다(Wang et al., 2024).

메타버스 환경에서는 이용자의 행동, 선호도, 상호 작용 패턴 등 방대한 양의 개인 데이터가 생성되고 수집된다. 이러한 데이터는 PR 전략을 더욱 정교하게 수립하는데 유용하지만, 동시에 개인의 프라이버시를 침해할 위험이 있다. PR 전문가들은 이 데이터를 수집하고 활용할 때 이용자의 동의를 명확히 얻고, 투명성을 유지해야 한다. 데이터 활용이 윤리적이고 책임감 있게 이루어지지 않으면, 이는 장기적으로 브랜드의 신뢰성을 손상시킬 수 있다. 따라서 메타버스에서의 PR 활동은 기술의 이점을 극대화하면서도 개인의 프라이버시를 보호하는 균형 잡힌 접근이 필요하다.

휴머노이드 AI의 경우, 인간과 유사한 외모와 행동을 지닌 AI가 PR 활동에 참여할 때 발생할 수 있는 윤리적 문제들이 있다. 예를 들어, 조직체의 AI 대변인이 인간으로 오인될 경우는 공중을 기만할 수 있으며, 브랜드에 대한 신뢰도에 부정적인 영향을 미칠 수 있다. PR 실무자들은 AI의 정체성을 명확히 밝혀야 하며, AI의 한계와 능력을 투명하게 공개해야 한다. AI가 사람들에게 혼란을 주지 않도록 하는 것이 중요하며, 이를 통해 기술의 올바른 활용이 가능해질 것이다.

데이터 보안 또한 중요한 고려 사항이다. 메타버스와 AI 시스템은 사이버 공격의 표적이 될 수 있으며, 이로 인해 개인 정보가 유출될 경우 심각한 피해가 발생할 수 있다. PR 전문가들은 강력한 보안 시스템을 구축하고 데이터 암호화, 접근 제어 등의 조치를 통해 데이터를 보호해야 한다. 이러한 보안 조치들은 브랜드와 고객 간의 신뢰를 유지하는 데 핵심적인 역할을 한다. 이러한 윤리적 문제를 해결하기 위해서는 업계 차원의 가이드라인 수립과 자율 규제가 필요하다. PR 전문가들은 새로운 기술의 윤리적 활용을 위해 지속적인 교육과 훈련이 필요하다. 이러한 윤리적 기반이 있을 때 메타버스와 휴머노이드 AI 기술은 PR 분야에서 효과적이고 책임 있는 방식으로 활용될 수 있다.

이를 위해 미래의 PR 전문가는 기술과 인간적 가치를 조화롭게 결합하는 능력을 갖추어야 한다. 메타버스와 휴머노이드 AI 기술은 PR의 미래를 형성하는 중요한 요소가 될 것이 분명하지만, 지속 성장 가능한 메타버스와 휴머노이드 기반 PR 기술 도입과 활용을 위해서는 윤리적 고려 사항을 철저히 준수하고, 기술과 인간의 강점을 조화롭게 결합하는 접근이 필요하다.

결론적으로, 메타버스와 휴머노이드 AI 기술은 PR 환경을 혁신적으로 변화시키고 있으며, 이는 PR 실무자들에게 새로운 기회와 도전을 동시에 제공한다. 이러한 변화에 효과적으로 대응하기 위해서는 기술에 대한 깊은 이해와 적응 능력, 그리고 PR의 본질적 가치를 지키는 균형 잡힌 접근이 필수적이다. PR 실무자들은 이 두 가지 기술을 전략적으로 활용해, 더욱 효과적이고 의미 있는 커뮤니케이션을 실현할 수 있는 새로운 시대를 맞이

할 준비를 해야 한다.

참고문헌

박노일 외(2022). 메타버스(Metaverse) 이용과 사회자본 형성: 사회적 실재감과 사회적 지지 및 공동체 의식의 매개효과를 중심으로. ≪한국방송학보≫, 36(5), 83-121쪽.

정지연·박노일(2023). 인간-AI 커뮤니케이션 연구주제 탐색: 챗GPT와 SMCRE 모형을 중심으로. ≪디지털콘텐츠학회논문지≫, 24(8), 1805-1814쪽.

Allal-Chérif, O., et al.(2024). Intelligent influencer marketing: How AI-powered virtual influencers outperform human influencers. *Technological forecasting and social change, 200*, 123113.

Ham, J., et al.(2023). The "mixed" reality of virtual brand endorsers: Understanding the effect of brand engagement and social cues on technological perceptions and advertising effectiveness. *Journal of interactive advertising, 23*(2), pp.98-113.

Kang, D. Y., & Ki, E. J.(2024). Relationship cultivation strategies in the metaverse. *Public relations review, 50*(1), 102397.

Swiatek, L., et al.(2024). Humanoid artificial intelligence, media conferences and natural responses to journalists' questions: The end of (human-to-human) public relations?. *Public relations inquiry, 13*(1), pp.113-121.

Tom Dieck, M. C., & Han, D. I. D.(2022). The role of immersive technology in Customer Experience Management. *Journal of marketing theory and practice, 30*(1), pp.108-119.

Wang, Y., et al.(2024). Human-centered interaction in virtual worlds: A new era of generative artificial intelligence and metaverse. *International journal of human-computer interaction*, 1-43.

08
AI 리터러시와 PR 전문성

AI의 급속한 발전은 PR 분야에 큰 변화를 가져왔으며, 데이터 분석, 개인화 커뮤니케이션, 윤리적 책임 등에서 PR 전문가의 역할이 재정의되고 있다. PR 전문가들은 AI 활용 효능감과 윤리적 사용을 통해 더욱 전략적이고 책임 있는 커뮤니케이션을 수행해야 한다.

AI 시대의 PR 전문가 역할과 역량

AI 기술의 급속한 발전은 PR 산업 전반에 걸쳐 깊고 광범위한 영향을 미치고 있다. 데이터 분석, 콘텐츠 생성, 미디어 모니터링, 성과 측정 등 PR의 거의 모든 영역에서 AI가 활용되면서, PR 전문가의 역할과 필요 역량이 근본적으로 변화하고 있다. AI가 PR 산업에 가져온 가장 큰 변화 중 하나는 빅데이터 기반 의사 결정과 전략 수립의 가능성이다. AI는 방대한 데이터를 신속하게 분석해 인사이트를 도출하며, 이를 바탕으로 더 정확하고 효과적인 PR 전략을 수립할 수 있게 한다. 또한, AI는 타깃 공중에게 맞춤형 메시지를 전달할 수 있도록 개인화된 커뮤니케이션을 가능하게 한다(Boudersa & Hafsi, 2023; Buhmann & White, 2022).

이러한 변화는 PR 전문가들에게 새로운 역량을 요구한다. 전통적으로 PR 전문가에게 요구되던 커뮤니케이션 능력, 인간관계 구축 능력, 창의성 등은 여전히 중요하지만, AI 시대에는 추가적인 역량이 필요하다.

첫째, 빅데이터 활용 능력이 필수적이다. AI 시대의 '식량'과 같은 것이 데이터다. PR 전문가는 AI가 제공하는 데이터와 분석 결과를 이해하고 해석할 수 있어야 한다. 이는 단순히 데이터를 읽는 능력을 넘어, 의미 있는 인사이트를 도출하고 이를 전략에 반영할 수 있는 능력을 의미한다. 둘째, AI 기술에 대한 기본 이해가 필요하다. PR 전문가는 AI의 작동 원리와 한계를 이해하고, 상황에 맞는 AI 도구를 효과적으로 활용할 수 있어야 한다. 셋째, 전략적 사고 능력이 중요해졌다. AI가 데이터 분석과 기본적인 의사 결정을 지원하는 상황에서, PR 전문가는 이를 바탕으로 더 높은 수준의 전략을 수립하고 창의적인 솔루션을 제시할 수 있어야 한다. 넷째, 윤리적 판단 능력이 강조된다. AI 활용에 따른 프라이버시 문제, 알고리즘의 편향성 등 윤리적 이슈에 대해 인식하고 이를 적절히 다룰 수 있는 능력이 필요하다.

새로운 역량 요구에 따라 PR 전문가의 역할도 변화하고 있다. 이제 PR 전문가는 단순한 메시지 전달자나 관계 관리자를 넘어, 데이터 분석가, AI 전략가, 윤리적 리더로서의 역할을 수행해야 한다. AI와의 협업을 통해 더욱 창의적이고 전략적인 의사 결정에 집중할 수 있게 되었다.

이 변화를 기회로 삼기 위해, PR 전문가들은 지속적인 학습과 역량 개발이 필수적이다. AI 관련 교육, 데이터 분석 기술 향상, AI 도구 활용 경험 등을 통해 새로운 환경에 적응해야 하며, 동시에 인간만이 제공할 수 있는 창의성과 감성 지능, 윤리적 판단력을 더욱 강화해야 한다. 이제 AI 시대의 PR 전문성은 기술과 인간의 강점을 결합한 새로운 형태로 재정의되고 있다. PR 전문가들은 이러한 변화를 기회로 삼아, 더욱 전략적이고 가치 있는 역할을 수행할 수 있을 것이다.

PR 전문가의 필수 역량: AI 리터러시

AI 리터러시는 인공지능 기술을 이해하고, 이를 효과적으로 활용하며, 비판적으로 평가할 수 있는 능력을 의미한다. PR 분야에서 AI 리터러시는 단순히 AI 도구를 사용하는 기술적 능력을 넘어 AI의 작동 원리, 한계, 그리고 윤리적 함의를 이해하는 것까지 포함한다. 이는 PR 전문가들이 현대의 디지털 환경에서 성공적으로 활동하기 위해 필수적으로 갖춰야 할 역량이다(김정환 · 박노일, 2022; Çerçi, 2024; Jeong & Park, 2023).

AI 리터러시의 주요 구성 요소는 다음과 같다. 첫째, AI의 기본 원리와 알고리즘, 머신러닝의 기초를 이해하는 기술적 소양이 필요하다. 이는 AI 도구의 단순한 사용을 넘어, AI의 작동 방식과 결과 도출 과정을 깊이 있게 파악하는 데 필수적이다. 둘째, 데이터 수집, 분석, 해석 능력을 포함하는 빅데이터 활용 능력이 요구된다. 이는

PR 활동에서 데이터 기반 의사 결정을 지원하고, AI가 제공하는 정보를 효과적으로 활용하는 데 핵심적인 역할을 한다. 셋째, 윤리적 판단력은 AI 기술 사용에 따른 윤리적 문제를 인식하고 책임 있는 전략을 수립하는 데 중요한 요소다. 넷째, 비판적 사고는 AI의 분석 결과를 평가하고 해석하는 능력으로, AI가 항상 정확하거나 중립적이지 않을 수 있음을 인지하는 데 필요하다. 마지막으로, 전략적 활용 능력은 AI를 PR 전략에 효과적으로 통합해 조직의 목표를 달성하는 데 기여한다.

현대 PR 환경에서 AI 리터러시의 중요성은 더욱 커지고 있다. AI 리터러시는 PR 전략 수립과 실행에 다음과 같은 영향을 미친다. 첫째, 데이터 기반 의사 결정에서 AI 리터러시를 갖춘 PR 전문가는 AI가 제공하는 데이터와 분석 결과를 정확히 이해하고, 이를 바탕으로 정교한 전략을 수립할 수 있다. 둘째, 효율적인 리소스 활용이 가능해진다. AI 도구를 활용함으로써 반복적이고 시간 소모적인 작업을 자동화하고, 더 전략적인 업무에 집중할 수 있다. 셋째, 개인화된 커뮤니케이션이 가능해진다. AI의 데이터 분석과 예측 능력을 활용해 타깃 공중에 대한 더 정확한 이해를 바탕으로 개인화된 메시지를 전달할 수 있다.

또한, AI 리터러시는 위기 관리 능력 향상에도 기여한다. AI의 실시간 모니터링과 예측 능력을 활용해 잠재적 위기를 조기에 감지하고, 효과적으로 대응할 수 있다. 윤리적 PR 실천 측면에서도 AI 사용에 따른 윤리적 문제를 인식하고, 이를 고려한 책임 있는 PR 활동을 수행할 수 있다. 마지막으로, 혁신적 캠페인 개발과 전략적 파트너십에서도 AI 리터러시는 중요한 역할을 한다. AI 기술의 가능성을 이해함으로써 창의적이고 혁신적인 PR 캠페인을 개발할 수 있으며, AI 전문가들과 효과적으로 협업해 조직 내에서 PR의 전략적 가치를 높일 수 있다.

AI 활용과 책임 있는 커뮤니케이션

AI 기술의 발전은 PR 분야에 혁신적인 변화를 가져왔지만, 동시에 복잡한 윤리적 도전을 수반하고 있다. 이러한 변화는 PR 전문가들에게 새로운 책임을 요구하며, 공정성, 투명성, 그리고 리더십의 중요성이 더욱 주목받고 있다(김활빈 외, 2024; Buhmann & White, 2022; James, 2024).

AI 활용에서 가장 중요한 윤리적 고려 사항 중 하나는 공정성과 편향성 문제다. AI 알고리즘은 학습 데이터에 내재된 편견을 그대로 반영할 수 있으며, 이는 PR 활동에서 특정 집단에 대한 차별이나 불공정한 처우로 이어질 수 있다. 예를 들어, AI가 생성한 PR 메시지가 특정 성별이나 인종에 편향된 언어를 사용할 경우, 이는 심각한 윤리적 문제를 야기할 수 있다. 따라서 PR 전문가들은 AI 시스템의 편향성을 지속적으로 모니터링하고 조정하는 노력을 기울여야 한다. 이는 AI를 활용한 커뮤니케이션이 모든 공중에게 공정하게 전달되도록 보장하는 데 필수적이다.

또 다른 핵심 윤리적 이슈는 데이터 프라이버시와 보안 문제다. AI가 대량의 개인 데이터를 수집하고 분석함에 따라 개인의 프라이버시가 침해될 위험이 높아진다. 특히, 데이터 유출 시 심각한 법적·윤리적 문제가 발생할 수 있다. PR 전문가들은 개인 정보 보호를 위한 법규, 예를 들어 GDPR(general data protection regulation)을 철저히 준수해야 하며, 데이터 수집 및 사용에 대한 투명성을 확보해야 한다. 이는 공중의 신뢰를 유지하고, PR 활동이 윤리적 기준에 부합하도록 하는 데 중요하다.

AI 의사 결정의 투명성과 책임성 확보 역시 AI 시대 PR 윤리에서 중요한 과제다. AI 시스템이 PR 전략 수립이나 위기 대응에 활용될 때, 그 의사 결정 과정이 불투명하거나 책임 소재가 불분명해질 위험이 있다. 이는 공중의 신뢰를 약화시키고, 궁극적으로 조직의 평판에 부정적인 영향을 미칠 수 있다. PR 전문가들은 AI의 의사 결정 과정을 명확히 설명할 수 있어야 하며, AI 시스템의 결정에 대한 최종 책임이 인간에게 있음을 명확히 해야 한다.

이러한 배경에서 PR 전문가의 윤리적 리더십 역할이 더욱 중요해지고 있다. PR 전문가는 조직 내에서 AI 활용에 대한 윤리적 가이드라인을 수립하고, 이를 실천하는 데 주도적인 역할을 해야 한다. 또한, AI 기술의 윤리적 활용에 대한 조직 문화를 형성하고, 관련 교육을 통해 이를 확산시킬 책임이 있다. 윤리적 리더십은 조직이 AI를 책임 있게 활용하며 공중의 신뢰를 유지하는 데 필수적인 요소다.

결국, AI 리터러시는 현대 PR 전문가에게 필수적인 역량으로 자리 잡고 있다. AI 기술이 PR 산업에 미치는 영향이 커질수록 PR 전문가들은 이러한 기술을 이해하고 활용하는 능력을 지속적으로 개발해야 한다. 이를 통해 AI의 혜택을 극대화하면서도 윤리적 문제를 효과적으로 관리하고, 신뢰할 수 있는 커뮤니케이션을 실현할 수 있을 것이다.

참고문헌

김정환·박노일(2022). 비전공자의 인공지능(AI) 입문. 도서출판 홍릉.

김활빈 외(2024). AI 시대 PR 실무자들의 역할과 AI 기술 활용에 관한 연구. ≪PR 연구≫, 28권 1호, 207-239.

Boudersa, A., & Hafsi, H.(2023). AI-powered marketing public relations: Maximizing customer engagement and building lasting relations. *Abaad iktissadia review, 13*(2), pp.452-462.

Buhmann, A., & White, C. L.(2022). Artificial intelligence in public relations: Role and implications. In *The Emerald handbook of computer-mediated communication and social media*(pp.625-638). Emerald Publishing Limited.

Çerçi, Ü. Ö.(2024). An innovative communication paradigm for the future of public relations: Artificial intelligence. *Türkiye İletişim Araştırmaları Dergisi*, (Cumhuriyetin 100. Yılında Geleceğin İletişimi Özel Sayısı), pp.128-147.

James, M.(2024). The ethical and legal implications of using big data and artificial intelligence for public relations campaigns in the United States. *International journal of communication and public relation, 9*(1), pp.38-52.

Jeong, J., & Park, N.(2023). Examining the influence of artificial intelligence on public relations: Insights from the Organization-Situation-Public-Communication (OSPC) Model. *Asia-Pacific journal of convergent research interchange, 9*(7), pp.485-495.

09
AI 윤리 진화와 AI 거버넌스

PR 분야에서 AI 윤리의 중요성이 날로 커지고 있다. PR 전문가들은 AI 윤리 전문가로서 조직 내 윤리적 가이드라인을 수립하고, 투명한 커뮤니케이션 전략을 실행하며, 윤리 교육과 인식 제고에 앞장서야 한다. 이러한 노력은 AI 시대에 PR이 조직과 사회 간의 윤리적 가교 역할을 수행하는 데 필수적이다.

PR과 AI 윤리: 신뢰 구축의 새로운 기준

AI 윤리의 중요성은 기술의 발전과 그 사회적 영향력 증대에 따라 필연적으로 확대됐다. 초기 AI 윤리 논의는 주로 과학 철학과 공학 윤리의 영역에서 이루어졌으나, AI 기술이 실생활에 광범위하게 적용되면서 그 논의의 범위와 깊이가 크게 확장되었다. 1950년대 앨런 튜링의 "기계는 생각할 수 있는가?"라는 질문에서 출발한 AI 윤리 논의는 1960년대와 1970년대를 거치며 로봇공학의 3원칙으로 구체화했다. 이후 1990년대 인터넷의 발달과 함께 AI 기술이 급속히 발전함에 따라, 데이터 프라이버시, 알고리즘 편향성, 의사 결정의 투명성 등 더욱 복잡하고 다양한 주제가 AI 윤리의 중심에 자리 잡게 되었다(상윤모 · 박소영, 2023; Anderson, 2008; Turing, 2009; Vanel, 2023).

PR 분야에서 AI 윤리는 특히 중요하다. PR은 조직과 공중 간의 관계를 관리하는 활동이며, 이 과정에서 신뢰와 윤리성은 핵심적 가치로 작용한다. AI 기술이 PR 실무에 깊숙이 침투하면서, AI 윤리는 단순한 규범이 아닌 PR 활동의 근본을 이루는 중요한 요소로 주목받았다. 예를 들어, AI를 활용한 데이터 분석과 타깃팅 과정에서의 프라이버시 보호, AI 생성 콘텐츠의 진실성 확보, 그리고

AI 알고리즘의 편향성 방지는 PR 활동의 윤리성과 직접 연관된 문제들이다. 이와 같은 윤리적 문제들은 PR 실무자들이 직면한 새로운 도전이자 필수적으로 해결해야 할 과제가 되었다.

AI 윤리 원칙과 PR 실무의 연관성은 다양한 측면에서 명확히 드러난다. 첫째, 투명성 원칙은 PR에서 정보 공개 및 커뮤니케이션의 개방성과 직접적으로 연결된다. AI 시스템의 의사 결정 과정과 결과를 공중에게 명확히 설명하는 것은 PR 실무에서 필수적인 역할을 한다. 이는 조직이 공중의 신뢰를 유지하고 강화하는 데 기여한다. 둘째, 공정성 원칙은 PR 활동에서 특정 집단에 대한 차별이나 편견을 방지하는 데 중요한 역할을 한다. AI를 활용한 메시지 타깃팅이나 여론 분석 과정에서 공정성 원칙을 준수하는 것은 PR 실무자들이 반드시 고려해야 할 사항이다. 셋째, 책임성 원칙은 AI 시스템의 결과에 대한 책임 소재를 명확히 하는 것과 관련된다. PR 실무자들은 AI 활용 결과에 대해 조직의 책임을 명확히 하고, 이를 공중에게 효과적으로 커뮤니케이션할 책임이 있다.

결론적으로, AI 윤리는 PR 분야에서 단순히 준수해야 할 규범이 아니라 PR 활동의 본질적 가치를 유지하고 강화하는 핵심 요소로 인식되어야 한다. AI 기술의 발전이

가속화될수록 PR 실무에서 AI 윤리의 중요성은 더욱 커질 것이며, 이는 PR 전문가들에게 새로운 역량과 책임을 요구하게 될 것이다. PR 실무자들은 AI 윤리의 원칙을 준수함으로써 조직과 공중 간의 신뢰를 지속해서 구축하고 강화하는 데 기여할 수 있을 것이다.

PR의 AI 활용 윤리: 투명, 공정, 책임

AI 기술의 활용이 PR 분야에서 점차 확대됨에 따라, 이와 관련된 윤리적 딜레마가 중요한 이슈로 부상하고 있다. 이러한 윤리적 문제들은 PR 실무자들에게 새로운 도전 과제를 제시하며, 이에 대한 체계적이고 책임감 있는 접근이 요구된다(김활빈 외, 2024; James, 2024; Mensah, 2023)

특히 빅데이터 수집 및 프라이버시 문제는 AI 활용의 핵심적인 윤리적 이슈로 떠오르고 있다. PR 활동에서 AI는 대규모의 개인 데이터를 수집하고 분석해 타깃팅된 메시지를 전달하는 데 사용된다. 그러나 이 과정에서 개인의 프라이버시가 침해될 위험이 존재한다. PR 실무자들은 데이터 수집의 범위, 방법, 사용 목적에 대해 투명하게 공개하고, 「개인정보 보호법」을 엄격히 준수해야 한다. 또한, 데이터 최소화 원칙을 적용해 필요 이상의 개인 정보를 수집하지 않도록 주의해야 한다. 이는 단순히 법적 의무를 넘어 공중과의 신뢰를 유지하는 데 필수적인 요소다.

첫째, AI 시스템은 설명 가능하고 투명해야 한다. 복잡한 AI 알고리즘의 의사 결정 과정은 종종 '블랙박스'로 여겨진다. 이는 AI가 특정 PR 전략을 추천하거나 위기 상황을 예측할 때 그 근거를 명확히 설명하기 어렵다는 것을 의미한다. PR 실무자들은 AI 시스템의 결정 과정을 가능한 한 투명하게 공개하고, 이해관계자들에게 그 과정을 설명할 수 있어야 한다. '설명 가능한 AI(XAI)' 기술의 도입을 고려해, AI의 의사 결정이 더 명확하고 이해 가능한 방식으로 이루어지도록 해야 한다.

둘째, 문제 해결을 위해 공정성도 필요하다. AI 시스템은 학습 데이터에 내재된 편견을 반영할 수 있으며, 이는 PR 메시지나 캠페인에서 불공정한 타깃팅으로 이어질 수 있다. 예를 들어, 특정 인종이나 성별에 대해 편향된 메시지가 전달될 수 있는 위험이 있다. PR 실무자들은 AI 알고리즘의 편향성을 지속해서 모니터링하고, 필요한 경우 이를 조정해야 한다. 이를 위해 다양성과 포용성을 고려한 데이터 세트를 사용하고, 알고리즘의 결과를 정기적으로 검토하는 것이 중요하다. 이러한 노력을 통해 PR 메시지의 공정성과 윤리성을 확보할 수 있다.

마지막으로, AI 생성 콘텐츠와 메시지에 대한 책임성이다. AI가 자동으로 생성한 보도 자료, 소셜 미디어 포스트, 광고 문구 등의 콘텐츠가 사실과 다르거나 오해의 소지가 있으면, 그 책임을 누가 져야 하는가에 대한 논의가 필요하다. PR 실무자들은 AI 생성 콘텐츠를 자세히 검토하고 필요한 경우 수정해야 하며, AI 생성 콘텐츠임을 명확히 표시해 책임성을 확보해야 한다.

이러한 윤리적 딜레마들은 PR 분야에서 AI를 책임감 있게 활용하기 위한 중요한 고려 사항이다. PR 실무자들은 이 문제들을 인식하고 적절한 대응 방안을 마련해야 한다. 이는 단순히 법적 의무를 넘어 PR의 근본적인 가치인 투명, 공정, 책임성을 지키는 일이며, 궁극적으로는 조직과 공중 간의 신뢰를 구축하는 데 필수적이다.

AI 거버넌스 체계 구축: 윤리적 활용과 지속 가능성

AI 거버넌스 체계 구축은 AI 기술의 윤리적이고 책임 있는 활용을 보장하는 핵심 과정이다. 이 체계는 AI 윤리 가이드라인 개발, 윤리위원회 설립 및 운영, AI 시스템의 윤리적 감사와 모니터링, 법적·제도적 규제와 자율 규제의 균형을 포함하는 복합적 구조로 이루어진다(Díaz-Rodríguez et al., 2023; Müller, 2020)

AI 윤리 가이드라인 개발은 조직이 AI를 윤리적으로 활용할 수 있도록 방향을 제시하는 중요한 첫 단계다. 이 가이드라인은 투명성, 공정성, 책임성, 프라이버시 보호 등 핵심 가치를 기반으로 수립되어야 하며, 조직의 특수성과 업계의 특성을 반영해야 한다. 또한, 기술의 발전과 사회적 변화에 발맞춰 가이드라인은 지속해서 업데이트되어야 하며, 실질적으로 적용 가능한 실천 방안을 제시해야 한다.

AI 거버넌스 체계의 중추적 역할은 AI 윤리위원회의 설립과 같은 필터링 절차와 조직의 설치 · 운영을 통해 이루어진다. 이 위원회는 다양한 분야의 전문가들로 구성되어 AI 시스템의 개발 및 활용에 대한 윤리적 검토, 의사 결정, 조언을 제공한다. 윤리위원회는 독립성이 보장되어야 하며, 그 결정과 권고 사항이 조직 내에서 실질적인 영향력을 가져야 한다. 이러한 구조는 AI 활용 과정에서 발생할 수 있는 윤리적 문제를 예방하고, 문제 발생 시 신속한 대응이 가능한 체계를 구축하는 데 기여한다.

AI 시스템의 윤리적 감사 및 모니터링은 AI의 운영 과정에서 윤리적 원칙이 잘 준수되고 있는지를 지속적으로 확인하고 평가하는 데 중점을 둔다. 이는 AI 알고리즘의 편향성 검토, 데이터 처리의 적절성 평가, 그리고 AI 의사 결정의 투명성 확보를 포함한다. 이러한 감사와 모니터링 과정은 정기적으로 이루어져야 하며, 실시간으로 모니터링할 수 있는 시스템이 구축되어야 한다. 이를 통해 AI의 잠재적 문제를 조기에 발견하고 빠르게 대응할 수 있다.

법적·제도적 제재와 자율 규제의 균형은 AI 거버넌스의 효과성을 높이는 데 중요한 요소다. 정부 차원의 법적·제도적 규제는 AI 윤리의 기본 틀을 제공하며, 최소한의 기준을 강제할 수 있다. 그러나 AI 기술의 빠른 발전 속도를 고려할 때 이러한 규제만으로는 모든 상황에 대처하기 어려울 수 있다. 따라서 PR 업계 차원의 자기 검열과 조직 내부의 점검을 병행해 더욱 유연하고 실질적인 거버넌스 체계를 구축하는 것이 필요하다.

AI 거버넌스 체계의 성공적인 구축과 운영을 위해서는 조직 전체의 참여와 지속적인 노력이 필수적이다. 최고 경영진의 의지와 지원, 조직 구성원들의 AI 윤리 인식 제고, 외부 이해관계자들과의 소통과 협력이 필수적이다. 또한, AI 거버넌스 체계의 효과성을 정기적으로 평가하고 개선하는 과정을 거쳐야 한다.

결론적으로, PR 실무의 AI 거버넌스 체계는 AI 기술의 윤리적이고 책임 있는 PR 커뮤니케이션 활용을 보장하는 필수적인 틀을 제공하며, AI 기반의 소통이 사회에 긍정적인 영향을 미치고 지속 가능한 발전을 이루는 데 중요한 역할을 할 것이다.

AI 윤리와 PR: 미래를 위한 책임

AI 윤리와 PR의 미래는 불가분의 관계로 긴밀히 연결되어 있으며, PR 전문가들은 AI 기술의 급속한 발전에 따라 윤리적 문제에 대한 전문성을 더욱 요구받고 있다. AI 윤리 전문가로서 PR 전문가의 역할은 다차원적이며, 이들은 조직 내에서 AI 기술의 도입과 활용에 대한 윤리적 기준을 수립하고 실행하는 데서 주도적 역할을 해야 한다(Panda et al., 2019; Seidenglanz & Baier, 2023).

먼저, PR 전문가들은 조직의 AI 활용과 관련된 윤리적 가이드라인을 수립하고 이를 효과적으로 실행하는 책임을 맡아야 한다. 이러한 가이드라인은 AI 기술이 조직 내에서 어떻게 사용되고, 그 과정에서 발생할 수 있는 윤리적 문제를 어떻게 해결할 것인지에 대해 명확히 규정해야 한다. 또한, AI 윤리와 관련된 이슈가 발생했을 때, 조직의 입장을 명확히 해 내외부 이해관계자들에게 효과적으로 전달하는 것도 PR 전문가의 중요한 역할이다. 이러한 역할을 통해 조직은 AI 기술의 활용 과정에서 발생할 수 있는 위험을 미리 인지하고, 이를 최소화할 수 있는 대응 체계를 마련할 수 있다.

AI 윤리 커뮤니케이션 전략은 투명성, 책임성, 그리고 공중과의 대화를 중심으로 이루어져야 한다. 조직은 AI 기술이 사용되는 방식과 그 윤리적 측면에 대해 투명하게 공개해야 하며, AI 의사 결정 과정의 설명 가능성을 확보해야 한다. 더불어, AI 기술로 인해 발생할 수 있는 부정적 결과에 대해 조직이 어떻게 책임을 질 것인지 명확히 해야 한다. 이를 위해, PR 전문가들은 공중과의 지속적인 대화를 통해 AI 윤리에 대한 사회적 합의를 하는 과정에도 적극적으로 참여해야 한다.

또한, PR 전문가들은 조직 내부의 AI 윤리 인식 제고와 교육 활동을 이끌어야 한다. 이를 위해 AI 윤리 교육 프로그램을 개발하고 실행해, 조직 구성원들이 AI 기술을 활용할 때 윤리적 기준을 자연스럽게 반영할 수 있도록 해야 한다. 이러한 교육과 인식 제고 활동은 윤리적 조직 문화를 조성하는 데 중요한 역할을 한다. 동시에, 일반 공중을 대상으로 AI 윤리의 중요성과 조직의 노력을 알리는 캠페인을 기획하고 실행하는 것도 PR 전문가의 주요 역할이다.

결론적으로, AI 윤리와 PR의 미래는 긴밀히 얽혀 있으며, PR 전문가들은 AI 윤리 전문가로서의 역량을 갖추고 조직과 사회의 AI 윤리 발전에 기여해야 한다. 이는 조직의 평판 관리를 넘어 기술 발전과 인간 가치의 조화를 이루는 더 큰 맥락에서 PR의 사회적 책임을 실현하는 길이 될 것이다.

참고문헌

김활빈 외(2024). AI 시대 PR 실무자들의 역할과 AI 기술 활용에 관한 연구. ≪PR 연구≫, 28(1), 207-239쪽

상윤모·박소영(2023). 저널리즘 및 미디어·커뮤니케이션 분야 윤리 연구 동향 분석: 해외 주요 학술지 논문을 중심으로. ≪미디어와 인격권≫, 9(1), 1-38쪽.

Anderson, S. L.(2008). Asimov's "three laws of robotics" and machine metaethics. *AI & society*, *22*, pp.477-493.

Díaz-Rodríguez, N., et al.(2023). Connecting the dots in trustworthy artificial intelligence: From AI principles, ethics, and key requirements to responsible AI systems and regulation. *Information fusion*, *99*, 101896.

James, M.(2024). The ethical and legal implications of using big data and artificial intelligence for public relations campaigns in the United States. *International journal of communication and public relation*, *9*(1), pp.38-52.

Mensah, G. B.(2023). Artificial intelligence and ethics: A

comprehensive review of bias mitigation, transparency, and accountability in AI systems. Preprint, November, 10.
Müller, V. C.(2020). Ethics of artificial intelligence and robotics.
Panda, G., et al.(2019). Artificial intelligence: A strategic disruption in public relations. *Journal of creative communications, 14*(3), pp.196-213.
Seidenglanz, R., & Baier, M.(2023). The impact of artificial intelligence on the professional field of public relations/communications management: Ethical issues, challenges, and an attempt at a forecast. In A. Adi (Ed.), *Artificial intelligence in public relations and communications: Cases, reflections, and predictions*(pp.124-136). Berlin: Quadriga University.
Turing, A. M.(2009). *Computing machinery and intelligence.* Springer Netherlands.
Vanel, Z.(2023). The role of artificial intelligent in public relations activities ethically. In *Investigating the impact of AI on ethics and spirituality* (pp.53-61). IGI Global.

10
AI 시대, PR학의 사명과 도전

AI 기술의 급속한 발전은 PR 이론과 실무에 근본적인 변화를 일으키며, 새로운 학술적 접근을 요구하고 있다. PR 학문은 AI 활용이 조직, 공중, 상황, 그리고 커뮤니케이션 영역에 미치는 영향을 심층적으로 연구하고, 윤리적 책임 교육을 강화하며, AI 시대에 맞는 PR 혁신 연구를 지속해야 한다.

이론의 재해석과 새로운 모델의 필요성

AI 기술의 급격한 발전은 PR 이론과 실무에 근본적인 변화를 가져오고 있다. 이러한 변화는 기존 PR 학문의 패러다임을 재고하게 만들며, 새로운 이론적 틀의 필요성을 제기한다. AI는 PR 분야에서 데이터 수집과 분석 능력을 획기적으로 향상시켰고, 이로 인해 공중에 대한 이해가 이전보다 훨씬 정교해졌다. 기존의 공중 분석 모델은 새로운 도전에 직면하고 있으며, AI 기반의 실시간 데이터 처리와 동적 분석을 통해 기계 고객, 지능형 에이전트 등 새로운 유형의 공중과 실시간으로 소통할 수 있는 모델의 개발이 요구된다(Swiatek et al., 2023).

먼저 AI는 PR 메시지 생성과 전달 과정을 자동화하고, 이를 개인화하는 능력을 제공함으로써 전통적인 커뮤니케이션 모델의 변화를 야기한다. 이러한 변화는 조직과 공중 상호 작용을 정의하는 '대화'에 관한 본질적인 재정의가 필요하며, 인간과 AI 간의 관계를 포함한 새로운 커뮤니케이션 모델이 필요하게 되었다. AI는 다양한 채널을 통해 메시지를 최적화해 전달할 수 있으며, 이는 개인 맞춤형 커뮤니케이션의 가능성을 확대하는 동시에 기존의 대중 커뮤니케이션 이론을 재고하게 만든다.

이와 같은 변화는 PR 효과 측정에도 혁신을 가져온다.

AI는 PR 성과를 실시간으로 정밀하게 측정할 수 있는 도구를 제공함으로써 PR 성과 평가 이론의 발전을 촉진하고 있다. 이는 PR 실무자들이 더 즉각적으로 효과를 어떻게 평가하고 전략을 수정할 것인가에 관한 판단 기준 혹은 모델을 요청한다.

기존 PR 이론의 재해석 또한 필수적이다. 예를 들어, 그루닉(Grunig, 2013)의 우수 이론(Excellence theory)은 AI 시대의 새로운 '우수성' 기준과 측정 방식을 고려하여 재검토되어야 한다. 쿰즈(Coombs, 2007)의 상황적 위기 커뮤니케이션 이론(SCCT) 역시 AI의 실시간 데이터 분석과 예측 능력을 반영해 확장될 필요가 있다. AI와 PR의 융합으로 인해, AI-인간 협업 PR 모델, 알고리즘 기반의 AI 에이전트와 조직 관계 관리, 그리고 초개인화 커뮤니케이션 이론 등에 관한 학술적 논의와 접근법이 필요하다.

또한, PR학의 발전을 위해 학제 간 연구의 중요성이 더욱 부각하고 있다. AI와 PR의 접점에서 발생하는 복잡한 현상을 이해하기 위해서는 AI, 데이터 사이언스, 윤리학, 인지과학 등 다양한 분야와의 협력 연구가 필수적이다. 특히, AI 윤리와 PR 윤리의 교차점, AI 기반 의사 결정의 투명성과 책임성, 데이터 프라이버시와 PR의 관계 등은 중요한 연구 주제로 자리 잡을 것이다.

이렇듯 AI 시대의 PR 학문은 새로운 패러다임으로의 전환을 요구받고 있다. 이 전환은 PR 분야에서 도전이자 기회로 작용하며, PR 학자들은 AI 기술을 깊이 이해하고 이를 바탕으로 기존 이론을 비판적으로 재해석하며 새로운 이론적 틀을 구축해야 한다. 다양한 학문 분야와의 협력을 통해 AI 시대 PR의 복잡성을 포괄적으로 이해하고, 이를 설명할 수 있는 새로운 지식 체계를 발전시켜 나가야 할 것이다.

빅데이터와 AI 기술 활용 PR 연구 혁신

PR 연구 방법론 측면에서도 변화가 필요하다. 특히 빅데이터 분석, 기계 학습, AI 기반 실험 설계, 그리고 정교한 PR 효과 측정 방법의 도입으로 PR 연구의 범위는 확장하고 있기 때문이다. 빅데이터 분석과 기계 학습을 활용한 PR 연구는 기존의 한계를 뛰어넘는 새로운 인사이트를 제공한다. 예를 들어, 소셜 미디어 데이터를 통한 감성 분석은 공중의 태도 변화를 실시간으로 추적할 수 있는 능력을 제공한다. 소셜 미디어의 방대한 데이터를 실시간 분석해 등장한 사회 지능적 제언(Social intelligence advisor suggestions) 시스템 등은 전통적인 설문 조사 방법으로는 불가능했던 대규모·장기간의 공중 태도 변화를 파악할 가능성을 열어 주고 있다(Perakakis et al., 2019).

실제 AI 기반 실험 설계와 데이터 수집 방법은 PR 연구의 정확성과 효율성을 크게 향상시킬 수 있다. 예를 들어, 스탠퍼드대학교의 박준성과 동료들(Park et al., 2023)이 제안한 생성 에이전트 활용 접근법은 인간 연구자의 개입을 최소화하면서도 자연스러운 상호 작용을 가능케 한다. 이를 통해 편향을 줄이고 더 솔직하고 풍부한 데이터를 수집할 수 있다. 특히 위기 상황에서 공중 반응 연구에 유용하며, 기존 방법론보다 심층적인 인사이트를 도출할 수 있다. 이러한 접근은 PR 연구에서 AI 활용이 데이터 수집과 분석을 정교화할 수 있음을 보여 주며, AI 기반 인터뷰가 연구의 질을 높이는 효과적 도구임을 시사한다.

PR 효과 측정의 정교화와 실시간 분석은 AI 기술의 주요 기여 중 하나다. 기계 학습 알고리즘을 활용한 다변량 분석은 PR 활동과 조직의 평판, 매출 등 다양한 성과 지표 간의 복잡한 관계를 밝혀낼 수 있다. 실제 딥러닝 모델을 활용해 PR 캠페인의 ROI를 실시간으로 예측하는 시스템은 PR 실무자들이 캠페인 진행 중에도 전략을 유연하게 조정할 수 있도록 지원한다(Campbell et al., 2020).

그러나 이러한 혁신적 방법론의 도입에는 몇 가지 주의가 필요하다. 첫째, 데이터의 대표성과 편향성 문제다. 온라인 데이터만을 활용할 경우, 디지털 격차로 인한 표본의 편향이 발생할 수 있다. 이는 연구 결과의 타당성에 부정적인 영향을 미칠 수 있다. 둘째, 윤리적 고려 사항이 더욱 중요해지고 있다. 개인 정보 보호와 연구 참여자의 동의 확보는 AI 기술을 활용한 연구에서 특히 신중히 처리해야 하는 부분이다. 셋째, AI 모델의 '블랙박스' 문제도 해결해야 할 과제다. 복잡한 AI 모델의 의사 결정 과정을 해석하기 어려운 경우, 연구 결과의 설명력이 제한될 수 있기 때문이다.

정리하면, AI 기술을 활용한 PR 연구 방법론의 혁신은 PR학에 새로운 지평을 열어 주고 있다. 그러나 이러한 기술적 혁신이 PR학의 본질적 가치와 균형을 이루어야 한다는 점을 명심해야 한다. 향후 PR 연구자들은 AI 기술의 장점을 최대한 활용하는 동시에, 연구의 타당성과 윤리성을 확보하기 위한 노력을 지속해야 할 것이다. AI와 인간의 협력은 PR 연구를 한 단계 더 발전시키는 중요한 열쇠가 될 것이다.

AI 시대의 PR 교육 혁신: 리터러시, 산학 협력, 평생 학습

AI 시대의 도래에 따라 PR 교육 역시 새로운 패러다임으로 전환할 필요가 있다. 연구자들은 PR 전문가들이 효과적으로 AI 기술을 활용하기 위해서는 기존의 교육 체계에서 벗어나, AI 리터러시를 포함한 새로운 커리큘럼 개발, 산학 협력을 통한 실무 중심 교육, 그리고 평생 학습 관점에서의 재교육 프로그램이 필수적이라고 강조한다 (Buhmann & White, 2022; Marr, 2024).

우선, AI 리터러시를 포함한 대학의 새로운 PR 커리큘럼 개발 필요성이 대두되고 있다. AI 리터러시는 AI 기술을 이해하고 활용할 수 있는 능력을 의미하며, 현대 PR 전문가에게 필수적인 역량으로 자리 잡고 있다. 이에 따라, 새로운 커리큘럼은 전통적인 PR 이론과 실무 지식에 더해 데이터 분석, 머신러닝의 기초, AI 윤리 등의 내용을 포괄해야 한다. 특히, AI 기술이 PR 실무에 어떻게 적용되는지에 대한 실제 사례를 학습함으로써 학생들은 이론을 실무에 적용하는 능력을 기를 수 있다. 이러한 학습 접근법은 PR 전문가들이 AI 시대의 복잡한 커뮤니케이션 환경에 적응하는 데 필수적이다.

산학 협력을 통한 실무 중심의 AI-PR 교육의 강화도 중요한 과제다. AI 기술은 빠르게 발전하고 있으며, 이를 PR 분야에 적용하는 방식 또한 지속해서 변화하고 있다. 따라서 학계와 업계의 긴밀한 협력을 통해 최신 기술 동향과 실무 적용 사례를 교육 과정에 신속하게 반영하는 것이 필수적이다. 인턴십 프로그램, 업계 전문가 초청 강의, 실제 PR 캠페인에 AI를 적용해 보는 프로젝트 기반 학습 등은 이러한 교육을 강화하는 효과적인 방법이 될 수 있다. 이러한 접근은 학생들이 졸업 후 직면할 실제 PR 환경에 더 빠르게 적응할 수 있도록 돕는다.

마지막으로, 평생 학습 관점에서의 PR 전문가 재교육 프로그램 개발이 필요하다. AI 기술의 급속한 발전으로 인해 현직 PR 전문가들도 지속적인 학습과 역량 개발이 요구된다. 이에 대응하기 위해서는 대학, 협회, 학회, 기업이 협력해 체계적인 재교육 프로그램을 개발해야 한다. 온라인 교육 플랫폼을 활용한 유연한 학습 환경 제공, 맞춤형 교육 과정 설계, AI 기술 활용 워크숍 등 다양한 형태의 교육 프로그램이 필요하다. 이러한 프로그램들은 PR 전문가들이 AI 시대에 요구되는 새로운 기술과 지식을 지속해서 습득하고 실무에 적용할 기회를 제공한다.

결국, AI 시대 PR 교육의 변화와 과제는 단순한 기술

교육을 넘어, PR 전문가들이 새로운 커뮤니케이션 패러다임에 적응하고 AI가 가져올 사회적·윤리적 변화를 이해하며, 비판적 사고를 함양할 수 있도록 돕는 데 중요한 역할을 한다. 따라서 PR 교육은 AI 시대의 도전과 기회를 포용하고, 이를 통해 미래의 PR 전문가들이 더 책임 있고 효과적인 커뮤니케이션을 수행할 수 있도록 준비시켜야 할 것이다.

AI 시대, PR의 윤리적 책무와 과제

AI 기술의 급격한 발전과 함께 PR 분야는 전례 없는 윤리적·사회적 책임에 직면하고 있다. AI 기술이 PR 실무에 깊이 침투하면서, PR학계는 이러한 변화에 대응하기 위한 체계적인 윤리 가이드라인을 수립해야 하는 중대한 과제를 안고 있다(James, 2024; Seidenglanz & Baier, 2023).

AI 활용 PR의 윤리적 가이드라인 수립은 시급한 과제다. 이러한 가이드라인은 데이터 수집과 활용의 투명성 확보, AI 알고리즘의 편향성 방지, 개인 정보 보호, AI 생성 콘텐츠의 진실성 보장 등 다양한 요소를 포함해야 한다. 특히, PR학계는 실무자, 기술 전문가, 윤리학자들과의 협력을 통해 이러한 가이드라인을 개발하고 지속해서 업데이트해야 한다. 또한, AI의 의사 결정 과정에 대한 설명 가능성(explainability)과 책임성(accountability)을 확보하는 방안을 모색해야 한다. 이는 AI가 자동화된 과정에서 발생할 수 있는 윤리적 문제에 대한 투명성과 책임을 강화하기 위한 필수적인 조치다.

PR학의 또 다른 중요한 책무는 기술 발전에 따른 PR의 사회적 영향력 연구다. AI 기반 PR 활동이 여론 형성, 정보 유통, 사회적 담론 구조에 미치는 영향을 체계적으로 분석해야 한다. 예를 들어, AI 챗봇을 통한 대규모 일대일 커뮤니케이션이 공중의 의사 결정 과정에 어떤 영향을 미치는지, 또는 초개인화된 메시지가 사회적 분열을 심화시킬 가능성이 있는지를 면밀히 연구할 필요가 있다. 이러한 연구를 통해 PR학은 기술 발전의 사회적 함의를 명확히 밝히고, 바람직한 기술 활용 방향을 제시할 수 있을 것이다.

더불어, PR학의 공공성 강화와 민주주의 발전에 대한 기여는 AI 시대에 더욱 중요해진다. AI 기술이 정보의 생산과 유통을 지배하는 상황에서 PR학은 공정하고 균형 잡힌 정보 환경을 조성하는 데 기여해야 한다. 이를 위해 PR학은 AI 기술을 활용한 공공 커뮤니케이션 모델을 개발하고, 디지털 시민성(digital citizenship) 함양을 위한 교육 프로그램을 제안할 수 있다. 또한, AI 기반 여론 조작이나 가짜 뉴스 확산과 같은 민주주의 위협 요소에 관한 연구와 대응 방안 마련에도 앞장서야 한다.

결론적으로, AI 시대의 도래와 함께 PR학의 윤리적 · 사회적 책임은 그 어느 때보다 중요해지고 있다. PR학계는 급변하는 기술 환경을 예의주시하며, 비판적 성찰과 선제적 대응을 통해 학문의 사회적 가치를 재정립해야 한다. 이러한 노력은 PR학을 단순한 실용 학문의 범주를 넘어 AI와 사회 간의 윤리적 가교 역할을 수행하는 핵심 학문 분야로 발전시키는 데 필수적이다. 본 저서가 이러한 학문적 여정에 중요한 이정표가 되어, AI 시대 PR학의 새로운 지평을 열어 가는 데 기여할 수 있기를 기대하며 본 논의를 마무리한다.

참고문헌

Buhmann, A., & White, C. L.(2022). Artificial intelligence in public relations: Role and implications. In *The Emerald handbook of computer-mediated communication and social media*(pp.625-638). Emerald Publishing Limited.

Campbell, C., et al.(2020). From data to action: How marketers can leverage AI. *Business horizons*, *63*(2), pp.227-243.

Coombs, W. T.(2007). Protecting organization reputations during a crisis: The development and application of situational crisis communication theory. *Corporate reputation review, 10*, pp.163–176.

Grunig, J. E.(2013). What is excellence in management?. In *Excellence in public relations and communication management*(pp.219–250). Routledge.

Marr, B.(2024). *Generative AI in practice: 100+ amazing ways generative artificial intelligence is changing business and society* (1st ed.). Wiley.

Park, J. S., et al.(2023.10). Generative agents: Interactive simulacra of human behavior. In *Proceedings of the 36th annual ACM symposium on user interface software and technology*(pp. 1–22).

Perakakis, E., Mastorakis, G., & Kopanakis, I.(2019). Social media monitoring: An innovative intelligent approach. Designs, 24(2), 1–12.

Seidenglanz, R., & Baier, M.(2023). The impact of artificial intelligence on the professional field of public relations/communications management: Ethical issues, challenges, and an attempt at a forecast. In A. Adi (Ed.), *Artificial intelligence in public relations and communications: Cases, reflections, and predictions*(pp.124–136). Berlin: Quadriga University.

Swiatek, L., et al.(2023). *Artificial intelligence, strategic communicators and activism*. Taylor & Francis.

박노일

차의과학대학교 미디어커뮤니케이션전공 교수다. 연세대학교에서 언론학(PR) 박사학위를 받았다. 미국 미주리대학교(University of Missouri-Columbia)에서 박사 후 과정을 거친 후 서울디지털대학교에서 미디어영상학부 교수로 근무했다(2009~2013). 한국PR학회 부회장, 한국PR학회 테크놀로지 연구회장, 한국방송학회 총무이사, 한국헬스커뮤니케이션학회 기획이사 등 학술단체 이사진으로 활동하고 있다. 주요 저서로 『비전공자의 인공지능(AI) 입문』(2022), 『인공지능 이해와 뉴스 미디어 영상분석』(2022), 『AI·메타버스 시대의 기술적·인문사회적 광고PR 전략』(2022), 『호모퍼블리쿠스와 PR의 미래』(2022) 등이 있다. "인간-AI 커뮤니케이션 연구주제 탐색: 챗GPT와 SMCRE 모형을 중심으로"(2023)와 "부정적 ESG 뉴스 보도와 기업 가치 변동: 생성형 AI 활용 뉴스 빅데이터 분석을 중심으로"(2024) 등 다수의 연구 논문을 KCI, SSCI급 학술지에 게재했다.